Kristina Jurick

# AQUARELLMALEREI Wasser

## Stimmungsvolle Bilder Step by Step malen

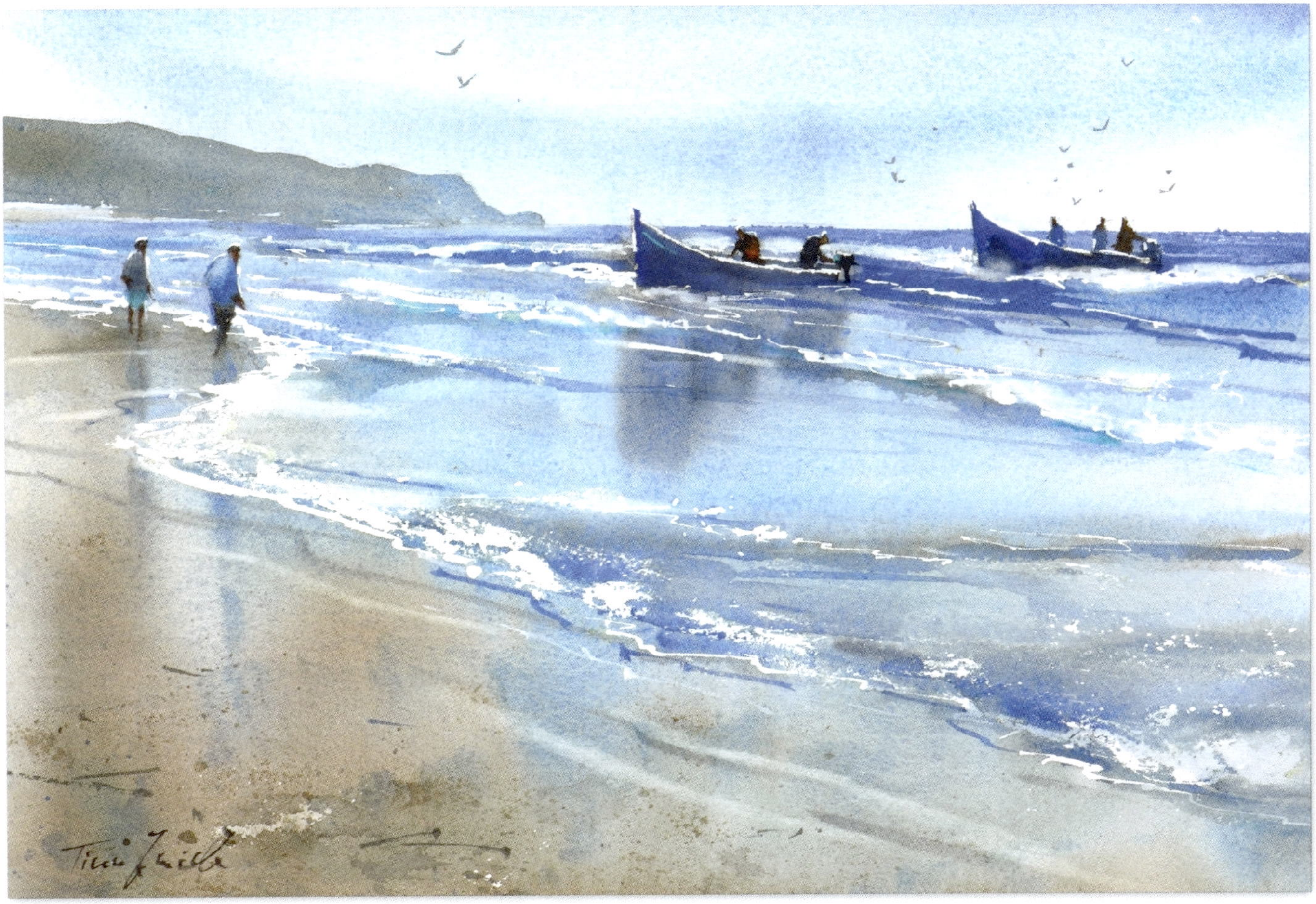

CV

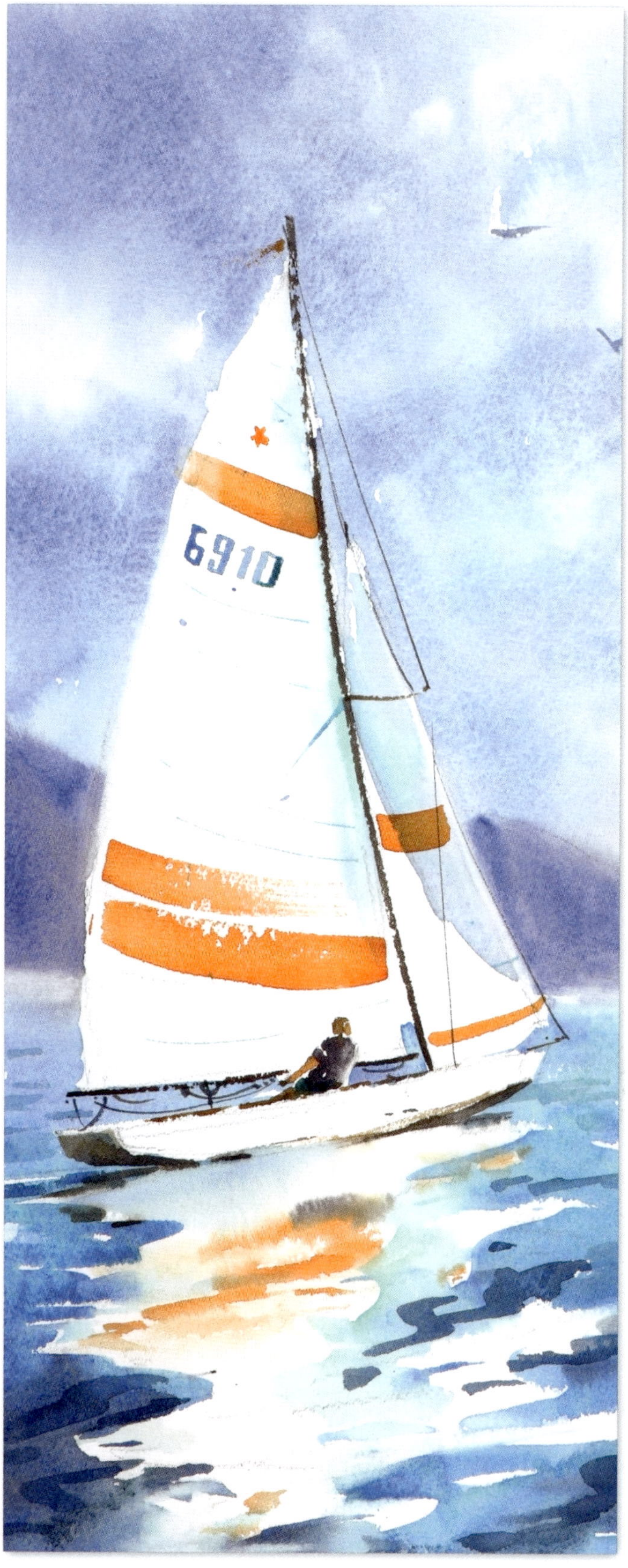




# Inhaltsverzeichnis

# Vorwort

Wasser ist elementar für das Leben auf der Erde. Jede einzelne Zelle des Lebens enthält Wasser – in der Pflanzenwelt genauso wie in unserem menschlichen Organismus. Von der großen Menge Wasser, die auf der Erde existiert, ist das meiste Salzwasser, etwa 97,5 %. Gerade einmal 2,5 % der gesamten Wassermenge auf der Erde sind Süßwasser; der uns Menschen zugängliche Teil beträgt sogar nur etwa 0,3 %. Das ist also eine sehr kleine Menge im Verhältnis zu den riesigen Salzwasserflächen, die unseren Planeten aus dem All gesehen so blau erscheinen lassen. Dabei hat Wasser gar keine Farbe. Das ist ein wichtiger Punkt. Als Kinder haben wir das Wasser immer blau gemalt. Meist erscheint es uns auch so, da es häufig den Himmel reflektiert. Aber wenn wir unsere Umgebung genau beobachten, stellen wir fest, dass Wasser jede Farbe annehmen kann, die es umgibt. Die vielen kleinen Wassertropfen agieren wie Millionen kleiner Spiegel.
Aquarell ist vom lateinischen Wort *aqua* (Wasser) abgeleitet. Durch die richtige Menge an Wasser im Pinsel und auf dem Papier lassen sich mit diesem Medium wunderschöne Verläufe und eine Transparenz erschaffen, wie es in keiner anderen Maltechnik möglich ist!
Aber Wasser hat ein Eigenleben und will beständig irgendwo hinfließen. Zum Glück fließt es aufgrund der Schwerkraft immer nur nach unten. Mit ein wenig Übung und Geduld kann man es gut in den Griff bekommen. Und wie heißt es so schön: „Go with the flow!" Also immer schön im Fluss bleiben …

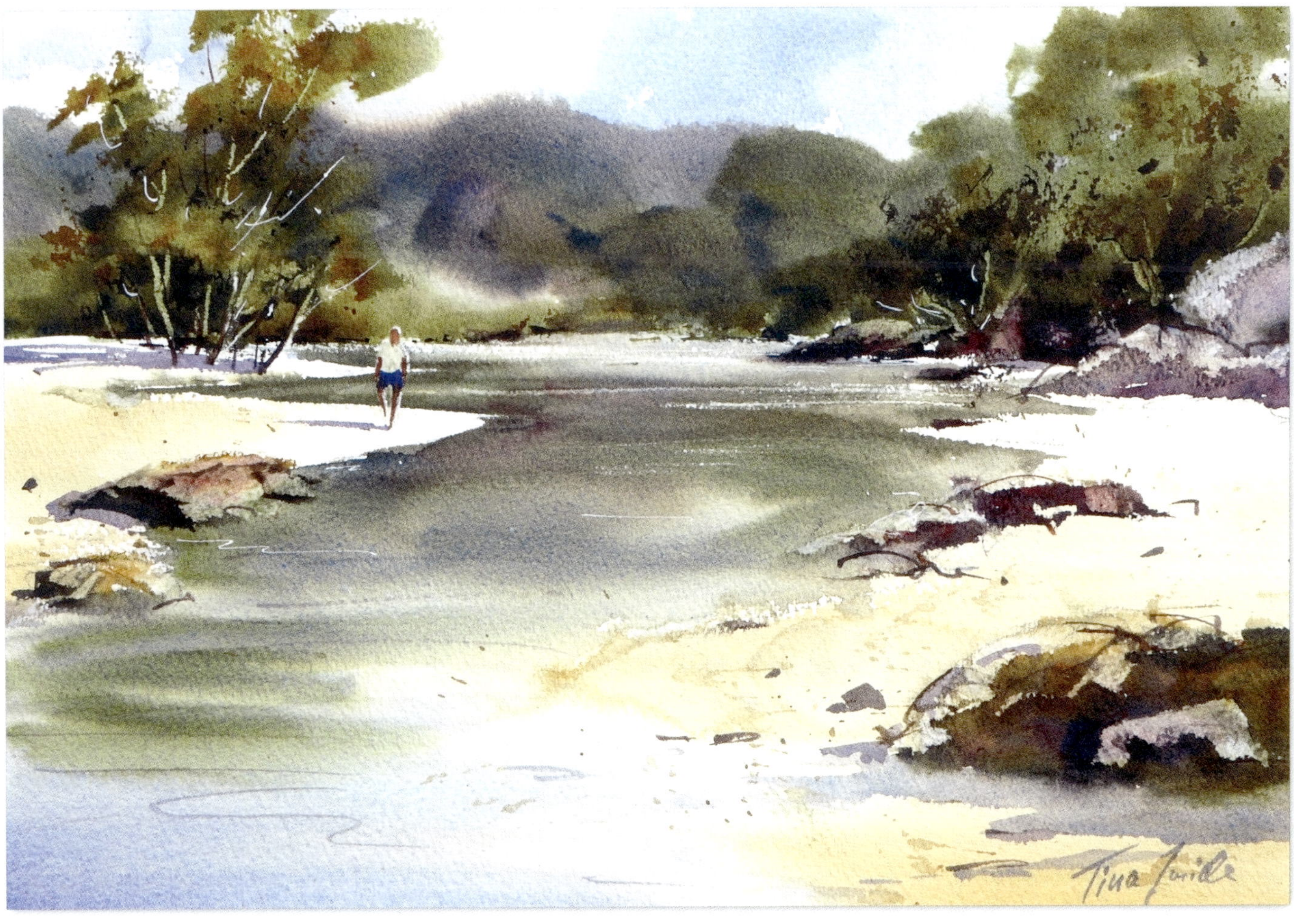

# Material

Für das Malen von Wasser, sei es fließendes, stilles oder vom Sturm gepeitschtes, ist die Wahl des richtigen **Papiers** sehr wichtig. Natürlich sollte man zu speziellem Aquarellpapier greifen, aber auch hier gibt es viele verschiedene Ausführungen und Qualitäten. Viele Anfänger beginnen mit dem Malen auf preisgünstigem, oft qualitativ nicht so hochwertigem Papier. Sie verlieren dann oft schnell die Lust am Aquarell, da sich die gewünschten Ergebnisse nicht erzielen lassen. Hier, wie bei den Farben, lohnt sich also die Investition in gute Qualität.

Gute Papiere sind z.B. Arches, Saunders Waterford und Fabriano Artistico, die aus 100 % Baumwolle hergestellt werden. Ich verwende am liebsten Papier in der Stärke 300 g/m$^2$. Damit sich das Papier beim Malen nicht wellt, sollte man die einzelnen Bögen mit 3 cm breitem Malerkrepp auf einer beschichteten Malplatte fixieren.

Neben dem Papiergewicht spielt auch die Oberflächenbeschaffenheit eine Rolle. Es gibt glattere und rauere Papiere. Entscheide dich je nach Motiv und gewünschtem Effekt für ein Feinkorn- oder Grobkorn- (Torchon-) Papier.

Kommen wir zu den **Pinseln**. Bei der Aquarellmalerei verwenden die einen lieber Rundpinsel und die anderen lieber Flachpinsel. Das ist eine Frage der Vorliebe. Probiere aus, welche Art von Pinsel dir am besten liegt und womit du die besseren Ergebnisse erzielst.

Aber wie beim Papier gibt es auch bei den Pinseln große Qualitätsunterschiede, selbst bei Synthetik-Haaren.

Achte bei der Pinselauswahl darauf, dass der Pinsel genug Wasser halten kann und dass die Haare weich und lang genug sind.

Ich selbst male am liebsten mit Flachpinseln aus hochwertiger Synthetik-Faser. Mit ihnen kann ich mit der flachen Seite, der Längsseite und der Ecke malen, je nachdem wie ich den Pinsel halte.



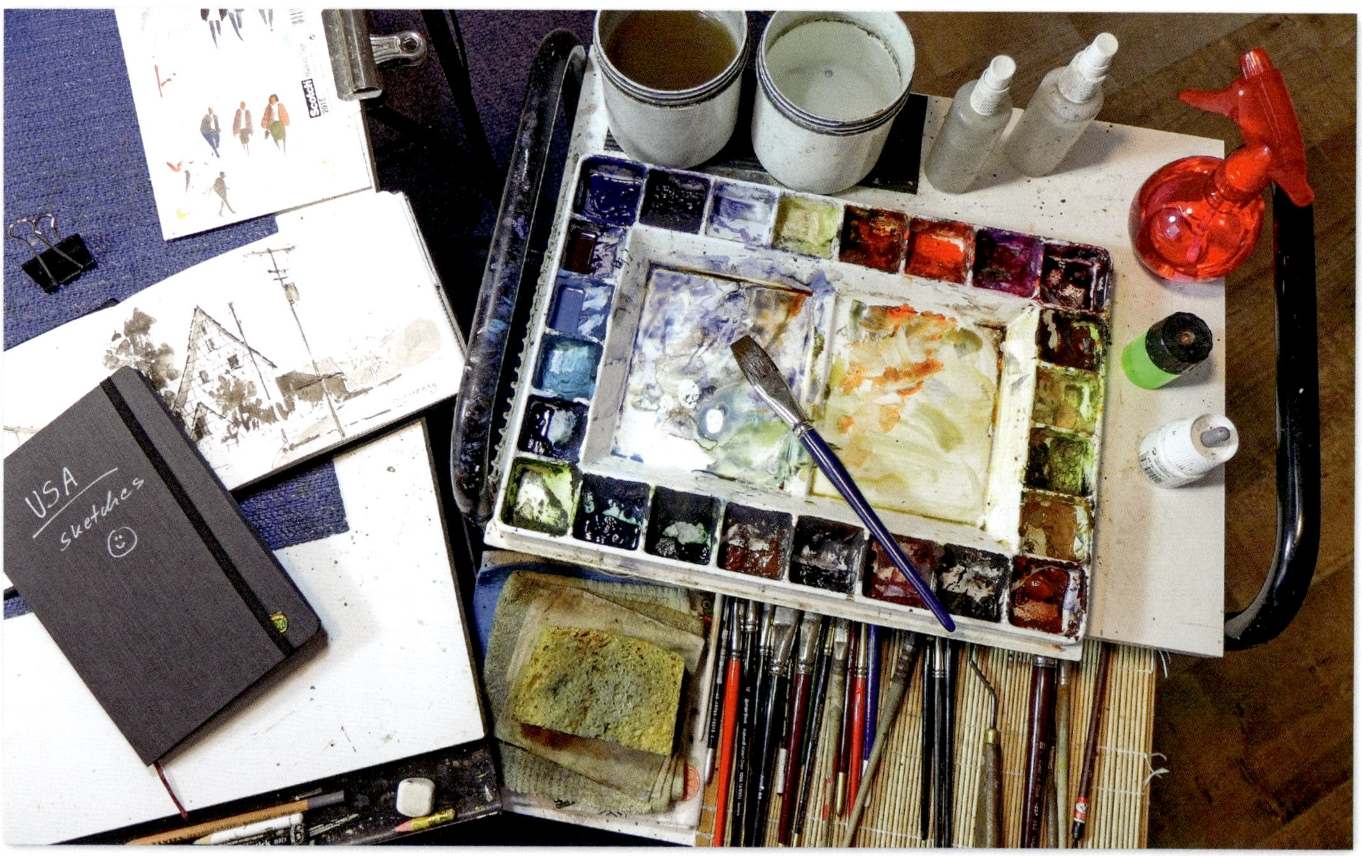

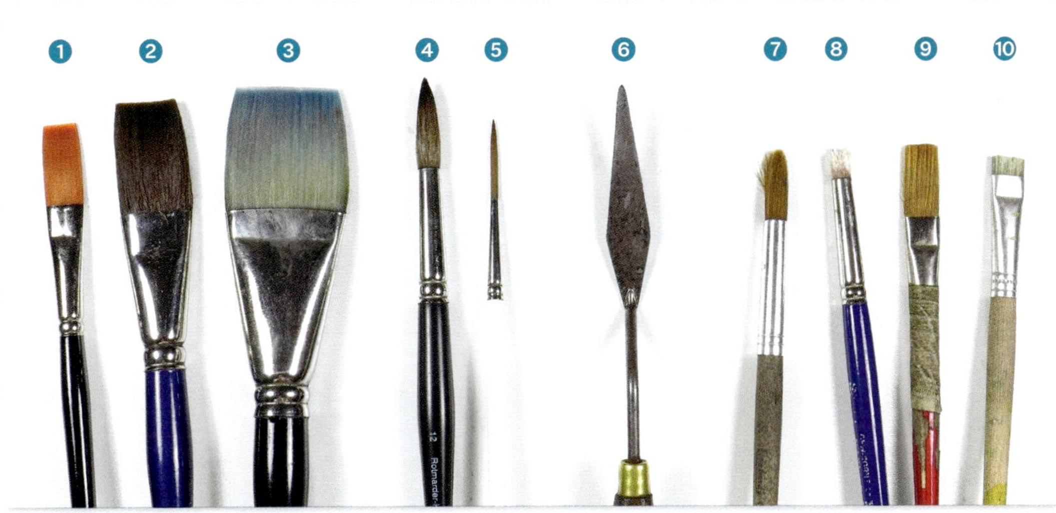


Zum Anmischen der Farben ist eine größere Fläche sehr hilfreich. Ich persönlich verwende gern eine Mischpalette mit großen Näpfen, die ich mit **Tubenfarben** befülle. Achte auf eine Mischfläche mit weißem Untergrund, damit du die gemischten Farbtöne bereits auf der Palette erkennen kannst.

Hier stelle ich dir nun meine engsten „Mitarbeiter" kurz vor:

1. Flachpinsel, 1,2 cm breit
2. Flachpinsel, 2,5 cm breit
3. Flachpinsel, 4 cm breit
4. Rotmarder-Rundpinsel Nr. 12
5. Schlepper Nr. 8
6. Malspachtel
7. alter, abgenutzter Synthetik-Rundpinsel zum Spritzen
8. runder, weicher Borstenpinsel zum „Schrubben"
9. abgemalter Flachpinsel zum Auswaschen
10. abgeschnittener, harter Borstenpinsel zum „Schrubben"

Naturhaar-Pinsel halten in der Regel mehr Wasser als Synthetik-Pinsel. Mache dich mit den Eigenschaften deiner Pinsel spielerisch vertraut, bevor du mit einem Bild beginnst.

**Meine Farbpalette:**

- Quinacridongold
- Kadmiumgelb
- Jaune brillant
- Lasurorange
- Siena natur
- Siena gebrannt
- Caput Mortuum
- Sepiabraun
- Kadmiumrot
- Alizarin-Karmesin
- Gelbgrün
- Windsor Grün oder Phthalogrün
- Französisch Ultramarin
- Coelinblau (z.B. von Windsor & Newton oder Sennelier; ähnlich Kobaltcoelin von Schmincke)
- Preußischblau
- Kobalttürkis
- Neutraltinte
- Titanweiß

Die Farben in deiner Palette sollten weich und verarbeitungsfähig sein, am besten direkt aus der Tube gedrückt, bevor du beginnst. Mit ausgetrockneten Näpfchen-Farben hast du hier keine Chance! Du brauchst zu viel Wasser, um die Farbe anzulösen, und alles würde davonlaufen. Außerdem brauchst du **zwei Wasserbehälter**, einen für sauberes und einen für schmutziges Wasser. Lege dir auch ein **Cellulose-Schwämmchen** bereit, um überschüssiges Wasser aus dem Pinsel zu nehmen. Eine Schachtel **Papiertücher** und eine **Sprühflasche** mit Wasser sind weitere sinnvolle Hilfsmittel. Platziere all das griffbereit an deinem Malplatz, als Rechtshänder am besten rechts von dir, als Linkshänder links.

Wenn du **Tonwertskizzen** anlegen möchtest, was ich im Vorfeld eines Bildes nur empfehlen kann, brauchst du einen **Skizzenblock** mit einem Papiergewicht von mindestens 100 g/m², außerdem einen **Bleistift 2B** zum Vorzeichnen, einen weichen **Grafitstift 8 oder 9B** für die Tonwertschattierungen sowie einen weichen und einen festen **Radiergummi**.

**Tipp:** Nachhaltiger ist es natürlich, statt Papiertüchern Schwämmchen und Mallappen aus alter Baumwollkleidung zu verwenden. Probiere aus, was für dich funktioniert.

# Wie wird Wasser zu Wasser? Aquarelltechniken für das Malen von Wasser

Malerei ist eine Darstellung der Realität durch Symbole. Um durch unsere Bilder zu kommunizieren, brauchen wir Symbole, die für den Betrachter unserer Werke lesbar sind. Diese definieren wir in erster Linie durch ihre Form, Beschaffenheit und Farbe.

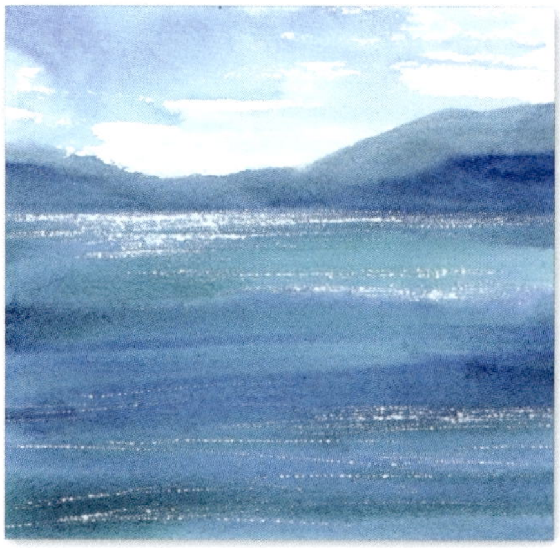

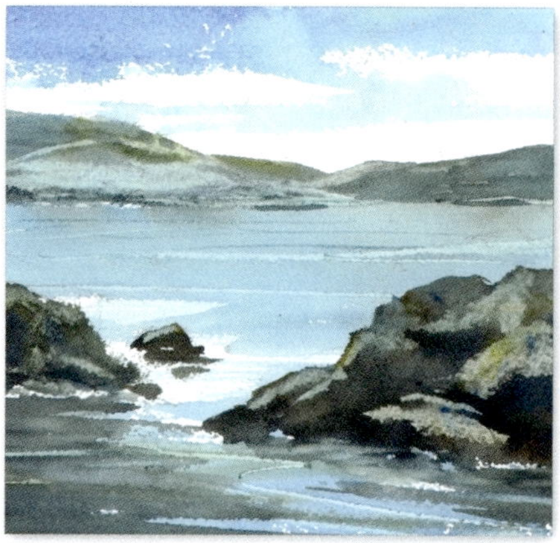



### Malen mit dem fast trockenen Pinsel (Trockenstruktur)

Diese Technik ist ideal, um die Gischt kleiner Wellen oder das Glitzern auf dem Wasser darzustellen. Egal ob Rund- oder Flachpinsel, wichtig ist, dass der Pinsel parallel zum Papier geführt wird und die Haare des Pinsels mit der Seite aufliegen. Außerdem sollte der Pinsel relativ trocken sein. Es hängt aber auch davon ab, wie rau das Papier ist und wie schnell man den Pinsel über das Papier zieht. Ist mehr Wasser im Pinsel, muss der Pinsel schnell geführt werden, ist er trockener, geht es auch langsamer. Je rauer das Papier, desto leichter ist es, diesen Effekt zu erreichen.

### Kratzen mit dem Cuttermesser

Auch wenn man die Trockenstruktur-Technik noch so gut beherrscht, passiert es immer wieder, dass man einfach zu feucht arbeitet und dadurch den Effekt „zumalt". Hier kann man mit dem Cutter Abhilfe schaffen: Mit dem Cutter kratzt man leicht und vorsichtig die Farbschicht auf der Papieroberfläche weg. Dafür muss das Papier komplett trocken sein. Bei Papieren mit weniger als 300 $g/m^2$ ist das allerdings nicht zu empfehlen. Sie sind sehr dünn, und es können leicht Löcher entstehen.

### Kratzen mit der Malspachtel

Mit der Malspachtel kann man spannende Strukturen schaffen, von feinen Strichen bis zu größeren Flächen, je nachdem, wie man sie hält. Eine alte Telefonkarte ginge auch und mancher Künstler nimmt sogar den Fingernagel. Das Kratz-Utensil braucht eine harte, schmale Kante, darf nicht schneiden wie ein Messer. Für mich ist die Malspachtel das flexibelste Kratzwerkzeug. Es erfordert etwas Übung, den richtigen Moment für die Kratzer zu erwischen.
Im Gegensatz zum Kratzen mit dem Cuttermesser muss hier das Papier noch leicht feucht sein.
**Vorsicht!** Beim Kratzen wird das Papier immer etwas verletzt, und wenn die Kratzer einmal im Bild sind, bekommt man sie nicht mehr heraus. Man kann sie nur dunkler übermalen.

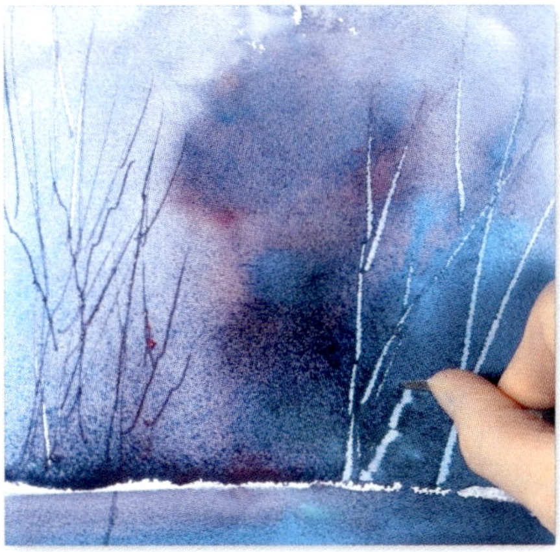

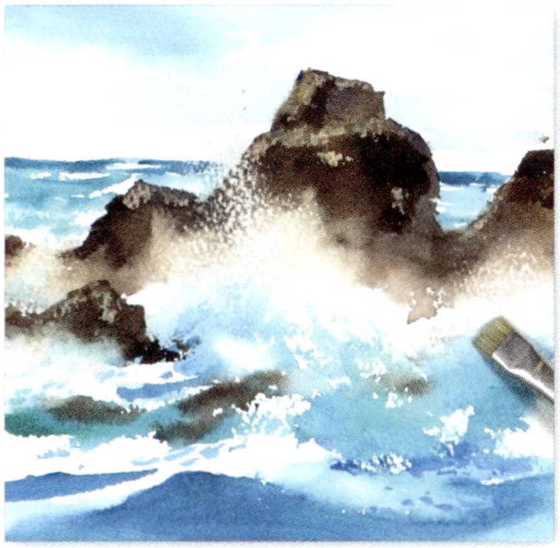

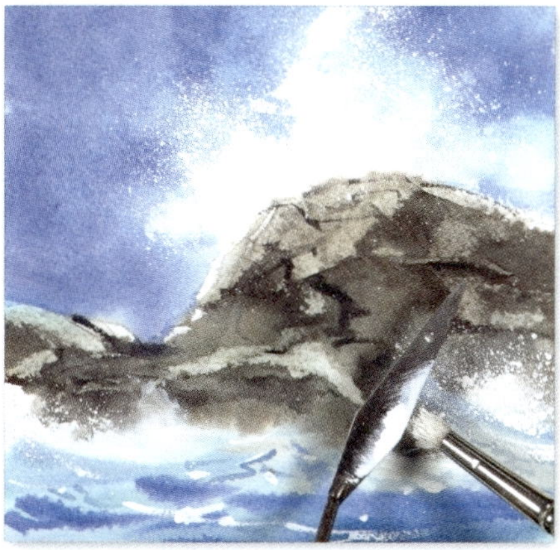

**Dunkle Kratzer:** Ist das Papier noch sehr feucht und glänzt, läuft die Farbe in die Kratzer zurück und färbt sie dunkler. Das kann bei einem helleren Hintergrund sinnvoll sein.

**Helle Kratzer:** Ist das Papier zwar noch feucht, hat aber gerade den Glanz verloren, ist es der richtige Moment für hellere Kratzer auf dunklem Hintergrund. Mit etwas Druck auf die Spachtel wird die Farbe weggeschoben, und zurück bleibt das hellere Papier, ohne dass die Farbe zurückläuft.

### „Schrubben" mit dem Borstenpinsel und Aufrauen mit Sandpapier

Zum Weichermachen von dunklen Stellen eignet sich z.B. ein abgeschnittener **Borstenpinsel**. Mit ihm kann man die Farbe stellenweise vom Papier „schrubben". Der Pinsel wird dafür leicht angefeuchtet.

Die raue Struktur oben im Bild ist durch **Sandpapier** entstanden. Das ergibt interessante Effekte, aber ich benutze diese Technik äußerst selten. Vorsicht: Nicht so sehr schrubben oder kratzen, dass sich das Papier auflöst!

### Spritzen mit Deckweiß

Alles, was das Bild besser macht, ist erlaubt. Und ist die Gischt mal nicht so gelungen, kann man mit Aquarell- oder Gouachefarbe in Titanweiß gut nachbessern. Die Farbe darf gerade nur so feucht sein, dass man sie spritzen kann. Zu sehr verdünntes Deckweiß deckt nicht mehr, und der gewünschte Effekt geht verloren. Ich benutze dafür einen Borstenpinsel und meine Malspachtel.

Auch eine alte Zahnbürste kann gute Dienste leisten. Für weitere Akzente in Weiß ist Farbe direkt aus der Tube am besten.



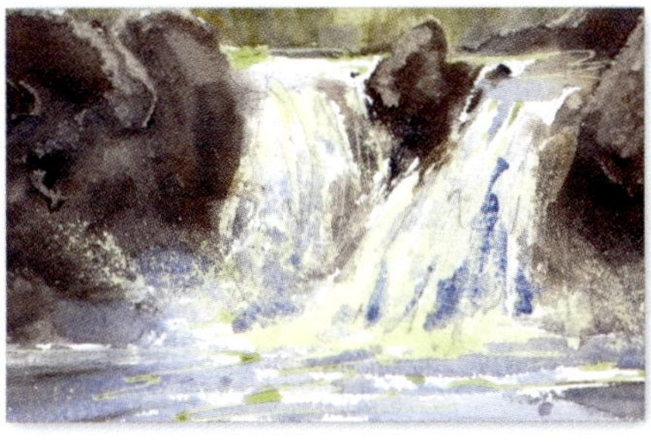

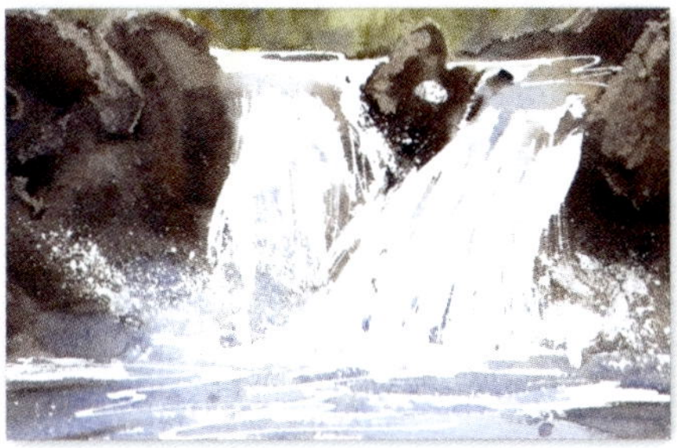

### Arbeiten mit Maskierflüssigkeit

Besonders für ungeübte Maler ist Abdeckmittel sehr hilfreich und man sollte es verwenden, wenn das Aussparen der Formen noch Schwierigkeiten macht. Es wird von verschiedenen Herstellern in allerlei unterschiedlichen Fläschchen angeboten. Besonders hilfreich ist ein eingefärbtes Mittel, weil es auf dem Papier besser zu sehen ist.

Verschließe die Fläschchen immer gut. Maskierflüssigkeit ist mit Wasser verdünnbar und sollte nur auf trockenes Papier aufgetragen werden. Wenn sie vollständig getrocknet ist, kann man sie wieder abrubbeln. Nimm keinesfalls gute Pinsel zum Auftragen von Maskierflüssigkeit, da sie diese schnell verklebt. Du kannst vorher etwas Seife auf den Pinsel geben und ihn sofort nach Gebrauch auswaschen. Für einen dünnen Auftrag eignet sich auch eine Malspachtel; Aufspritzen ist ebenfalls eine Möglichkeit.

**Vorsicht!** Maskierflüssigkeit sollte nicht länger als zwei Wochen auf dem Papier bleiben, weil sie sich sonst oft schlecht oder gar nicht mehr entfernen lässt.

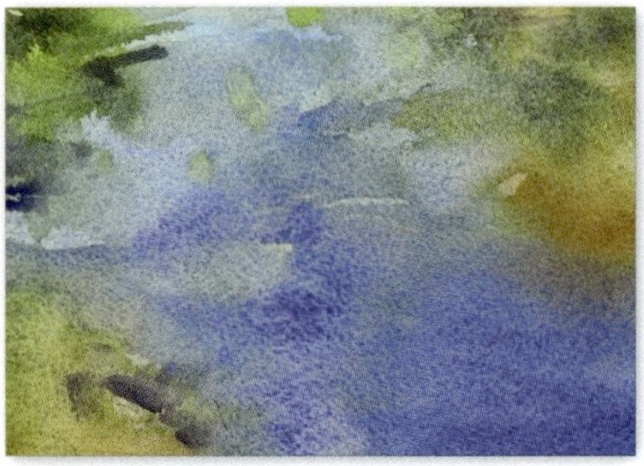

## Stilles Wasser

Malt man stilles Wasser, ist die Gefahr groß, dass die Fläche schnell zu einheitlich und dadurch langweilig wirkt. Daher solltest du darauf achten, dass sie in Farbe, Tonwert und Struktur variiert, aber eben nur so viel, um die Aufmerksamkeit des Betrachters zu halten. Die Ruhe der stillen Wasserfläche darf dabei nicht verloren gehen. Ist man sich zu Beginn noch nicht sicher, ob die gemalte Wasserfläche passend ist, kann man auch am Ende des Bildes noch Farbe nachlegen bzw. bei zu viel Struktur oder Farbe mit dem Borstenpinsel Flächen wieder beruhigen.

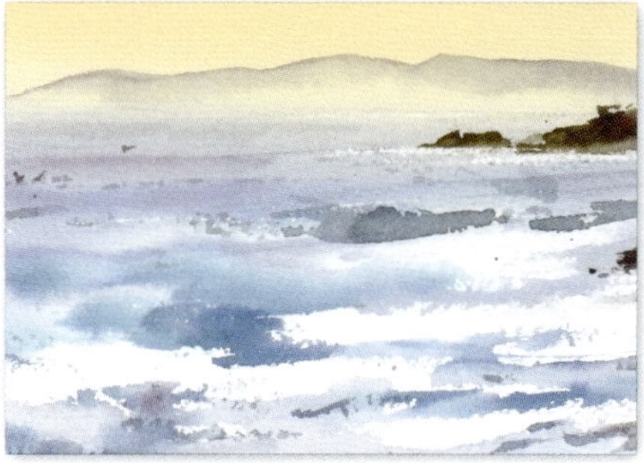

## Kleine Wellen

Nun kommt schon mehr Bewegung ins Spiel, die entsprechend wiedergegeben werden muss. Dabei darf es von allem ein wenig mehr sein: mehr Struktur, größere Pinselstriche und mehr Tonwertkontrast im Wasser. Höhere Wellen lassen größere Schaumkronen entstehen, und es sollte nun auch mehr weißes Papier in der Wasserfläche stehenbleiben. Ich mache mir das immer vorher in einer Tonwertskizze bewusst und male dadurch die Schaumkrönchen im Aquarell auch nicht so schnell zu. Gut durchdacht ist halb gemalt!

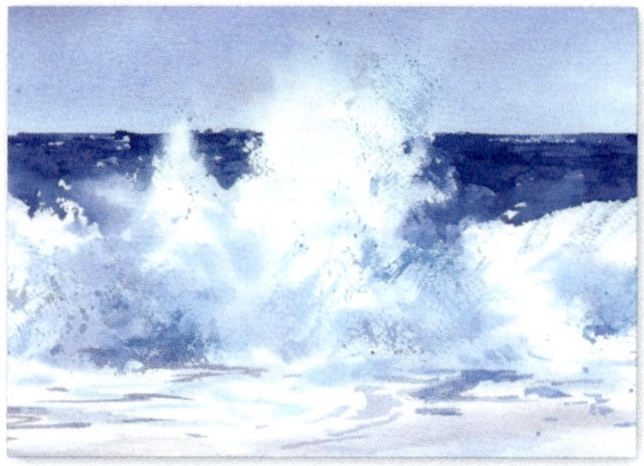

## Große Wellen

Um große Wellen darzustellen, muss man sich zunächst mit der Form einer Welle in ihren verschiedenen Stadien vertraut machen. Es ist viel leichter, etwas zu malen, wenn man es versteht. Hier ist sehr hilfreich, wenn du vor Beginn des Aquarells ein paar Hausaufgaben machst: Studiere Fotos von Wellen, achte auf ihre Form. Wo sind sie dunkel, wo sind sie hell, wo am höchsten, wo neigen sie sich gen Strand? Und welche Struktur brauchst du, um sie im Aquarell glaubwürdig wiederzugeben?



## Wasserspiegelungen

Spiegelungen werden in ihrer Erscheinung häufig mit Schatten verwechselt. Doch Achtung, das sind zwei völlig unterschiedliche Dinge! Ein Schatten kann in alle Richtungen gehen, je nach dem Stand der Sonne. Eine Spiegelung allerdings kommt immer auf den Betrachter zu. Wie schon das Wort sagt, gibt sie so ziemlich das wieder, was oberhalb der Wasseroberfläche passiert. Ausgangspunkt ist also immer die Stelle, an der das Objekt im Wasser sitzt. Hier findest du ein paar kleine Beispiele, die helfen sollen, es besser zu verstehen.

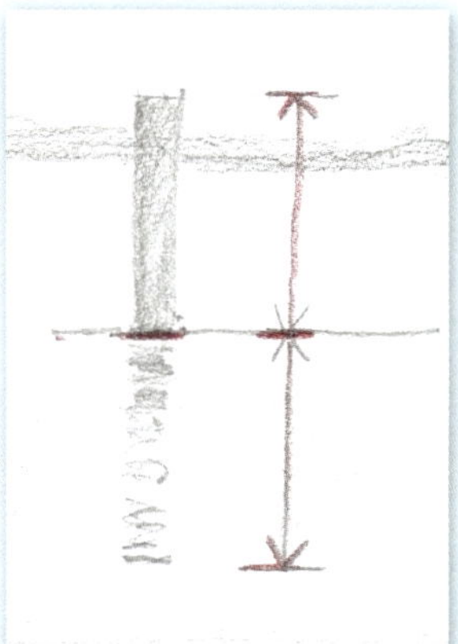

Eine Spiegelung kommt immer auf den Betrachter zu. Sie beginnt am gespiegelten Objekt und ist etwa so lang wie dieses.

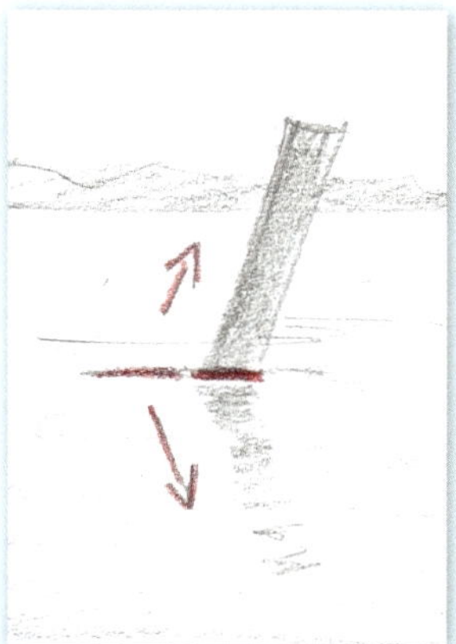

Neigt sich das gespiegelte Objekt in eine Richtung, neigt sich dessen Spiegelung in die gleiche Richtung.

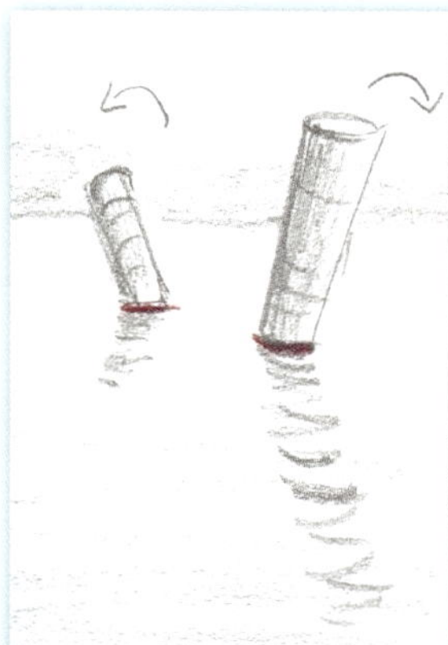

Neigt sich ein Objekt weg vom Betrachter, wird die Spiegelung kürzer. Neigt sich das Objekt dem Betrachter entgegen, wird die Spiegelung länger.

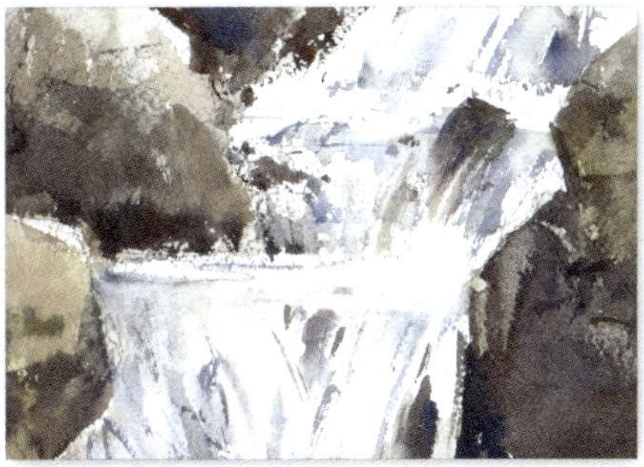

### Wasserfälle

Wir sind meist gewohnt, flach und horizontal daliegendes Wasser zu malen, wie Seen oder das Meer. Bei Wasserfällen haben wir es aber mit einer vertikalen oder diagonalen Richtung zu tun, die gut in Szene gesetzt werden will. Und da aufgewühltes, fallendes Wasser in der Regel sehr hell, fast weiß ist, muss es durch einen dunkleren Hintergrund als negative Form gemalt werden. Die Wasserstruktur und -farbe darf nur leicht angedeutet werden, um die helle Form nicht zu verlieren.

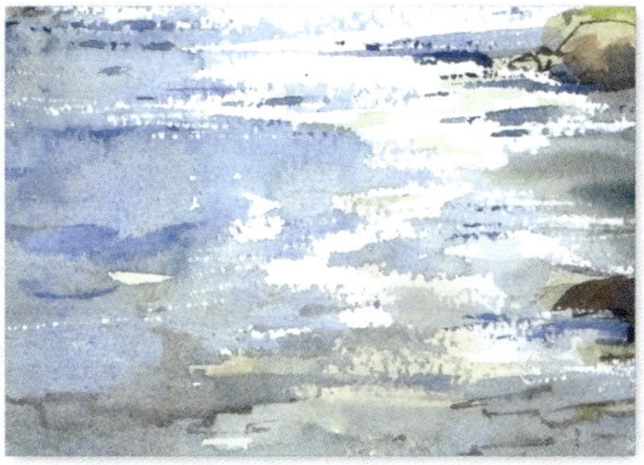

### Glitzerndes Wasser

Im Frühjahr führen z.B. Gebirgsbäche durch die Schneeschmelze sehr viel mehr Wasser als sonst. Im Sommer und Herbst, wenn es nicht gerade heftige Gewitter gab, plätschern sie meist leise vor sich hin. Malt man solch ein Motiv direkt vor Ort, sind alle Sinne aktiv und es versetzt einen in eine ganz andere Stimmung, als wenn nur ein Foto vorliegt. Um das Wasser glitzern zu lassen, braucht es vor allem wieder unser Designelement Struktur. Und ganz wichtig: das Weiß des Papiers. Deckweiß geht im Notfall auch, ist aber nicht so effektiv und leuchtend.

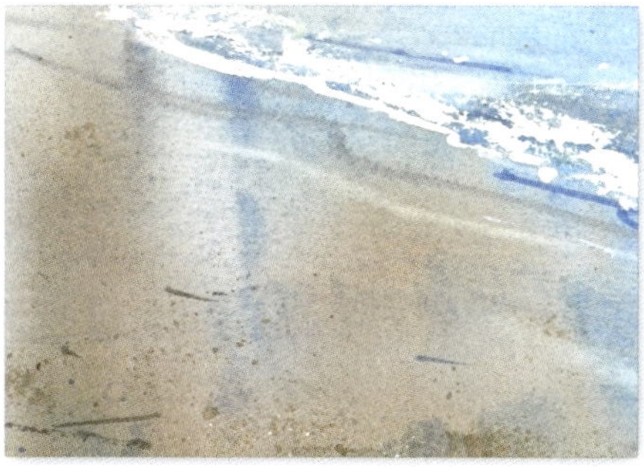

### Nasser Strand

Wenn Wasser sich vom Strand zurückzieht, bleibt eine feuchte Fläche zurück. Sie ist nicht so nass wie Wasser selbst, aber auch nicht trocken. Diese Fläche wird mehr von der Beschaffenheit des Untergrundes bestimmt, spiegelt aber trotzdem Elemente der Umgebung wider, wenn auch in geringem Maße und weicher als eine reine Wasserfläche. Meist sind diese Strandflächen mit dem Meer verbunden. An diesen Stellen brauchst du fließende, weiche Übergänge.



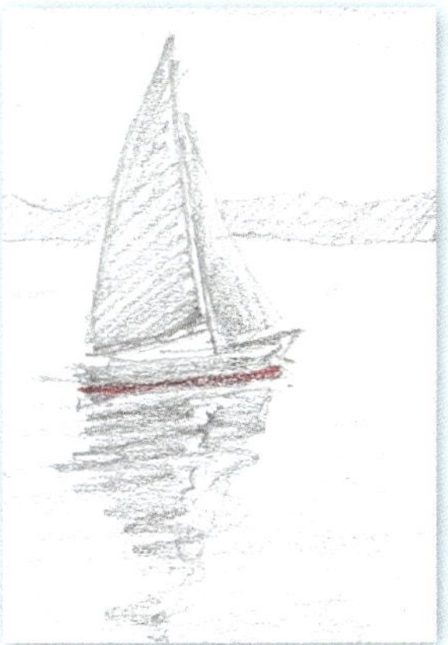

Ist das Objekt dunkel, spiegelt es sich dunkel im Wasser.

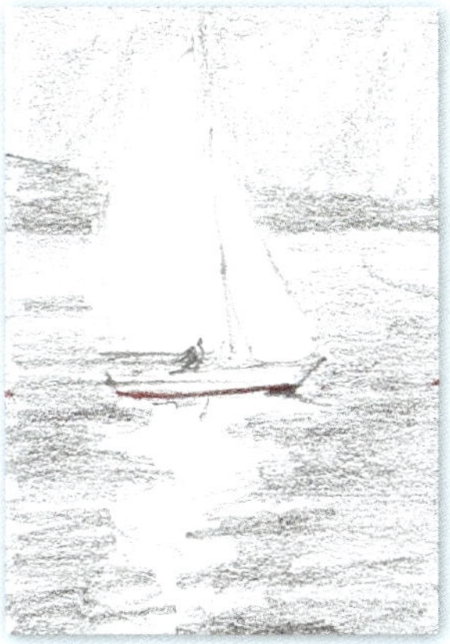

Ist ein Objekt heller, spiegelt es sich hell im Wasser.

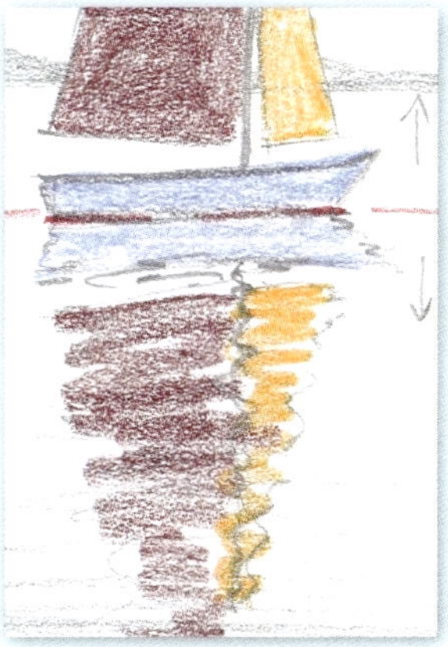

Sitzt ein Objekt nicht direkt im Wasser, wie z.B. der Mast eines Bootes, spiegelt sich erst der Rumpf des Bootes und dann der Mast mit dem Segel.

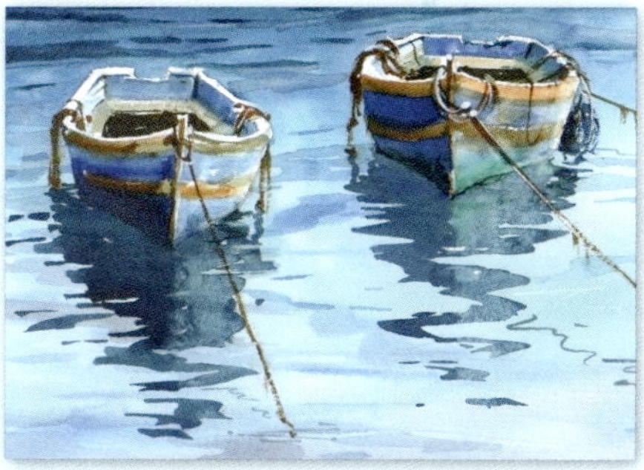

**Tipp:** Man sagt, dass sich helle Objekte immer etwas dunkler spiegeln und dunkle Objekte immer etwas heller als die **Originalfarbe**. Aber Ausnahmen bestätigen die Regel. Die Intensität der Farbigkeit hängt sehr oft vom Lichteinfall ab.

# Ein Mittag auf Sansibar

**Du brauchst:**

Aquarellpapier Arches Grobkorn, 300 g/m²

Aquarellfarben in
- Siena gebrannt
- Alizarin-Karmesin
- Französisch Ultramarin
- Kobalttürkis
- Quinacridongold

Malspachtel

Malerkrepp

evtl. Maskierflüssigkeit

Pinsel s. S. 8



Die afrikanische Insel Sansibar ist ein malerischer Traum und das Wasser hat dort nie nur eine einzige Farbe. Es ist ein sich ständig veränderndes Schauspiel aus verschiedenen Blautönen in allen Hell- und Dunkelnuancen.
Malerisch habe ich es mit den Farben nicht ganz so bunt getrieben, um eine Farbharmonie in der Komposition zu erzielen. Alles scheint unter der afrikanischen Sonne viel mehr zu leuchten als bei uns in Europa. Selbst die Einheimischen tragen Kleidung am liebsten in Neonfarben.

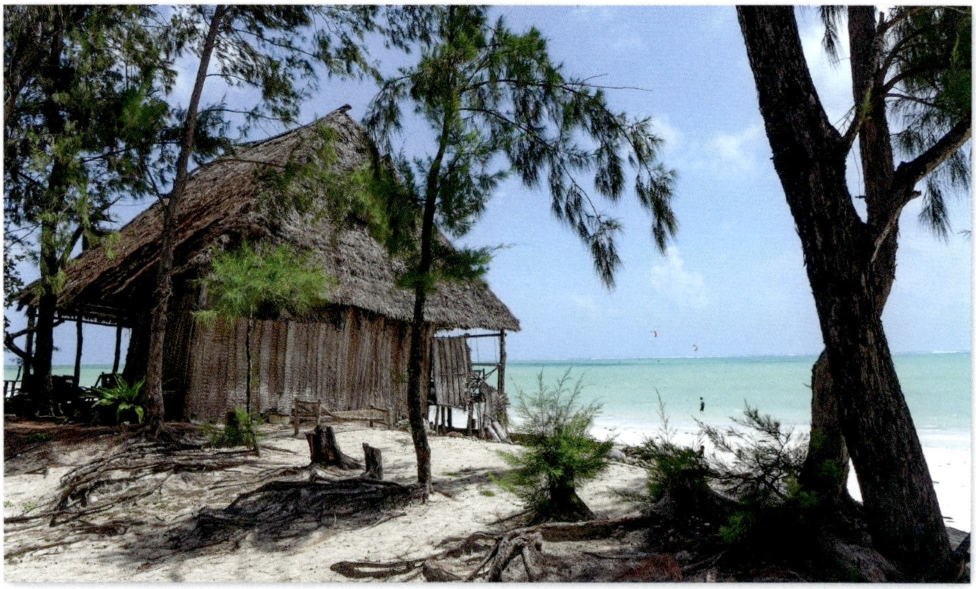

**Motiv-Vorlage**

Die Vorlage ist von der Komposition her schon recht gut und braucht kaum noch Veränderungen. Wer Figuren im Bild mag, kann diese gerne einfügen. Es sollte aber eine ungerade Anzahl an Personen sein, das wirkt stimmiger.
Da du als Betrachter der Szene erhöht stehst, siehst du auf die Personen am Strand herab. Platziere die Köpfe also unterhalb des Horizontes.
Der Blick geht zur Seite des Strandes und nicht direkt nach vorne zum Wasser. Demnach gibt es rechter Hand einen Fluchtpunkt, in dem die Linie des Strandes und des Wassers zusammenlaufen (siehe Seite 36, Carmel Beach).
Die aus Palmwedeln gebauten Hütten haben auf der uns zugewandten Seite keine Türen oder Fenster, aber du könntest welche einsetzen, sollte dir der Busch davor nicht gefallen. Der schiefe Balkon macht die Hütte interessanter. Es sollte nicht zu viel in den Vordergrund gemalt werden, sonst könnte die Komposition zu überladen werden.

**1. Schritt**

Fertige eine Tonwertskizze in der für dich stimmigen Größe an. Diese Skizze hier hat etwa die Größe einer Postkarte.
Bei größeren Skizzen tendiert man unter Umständen dazu, zu viele Details hineinzuzeichnen.
Wichtig ist, dass die großen Formen in einem Kontext zueinander stehen und das Auge des Betrachters durch die Komposition geleitet wird. Ist etwas unstimmig, fällt es meist schon hier auf und man vermeidet Fehler im Aquarell. Die Skizze sollte keine kleinen Details enthalten und idealerweise nicht länger als 15 Minuten dauern.

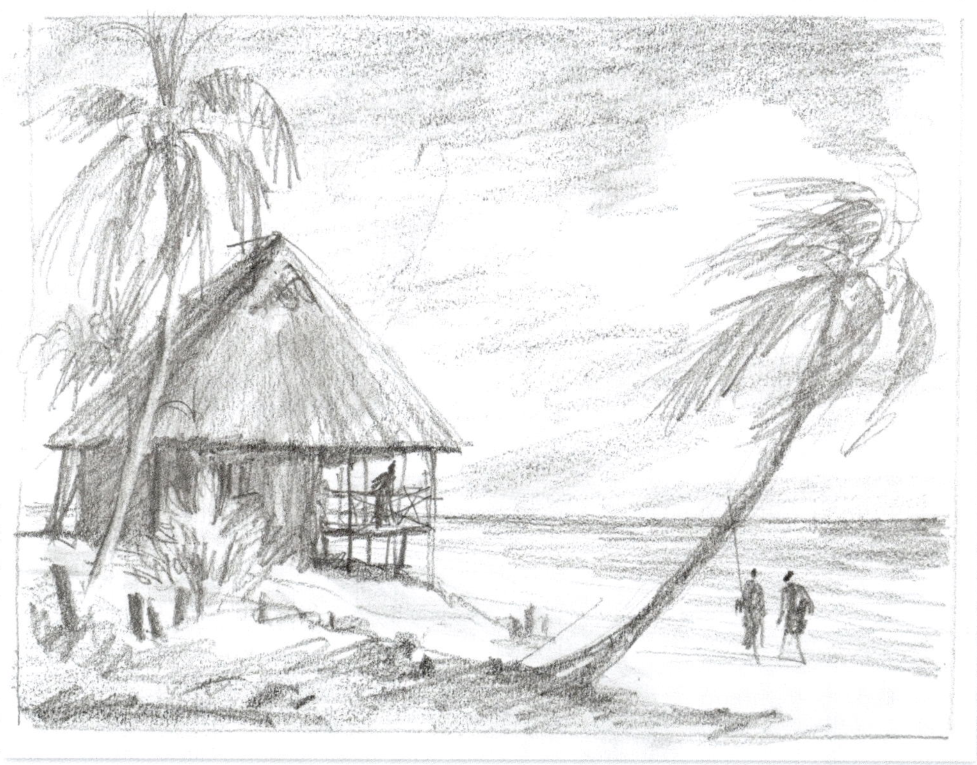



**2. Schritt**

Mische auf deiner Palette Ultramarinblau, mit etwas Karmesin abgetönt, an und lege es mit sehr feuchtem Pinsel und viel Wasser in den Himmel. Spare einige Wolken aus und löse die harten Kanten hier und da mit klarem Wasser an.
Lasse in die feuchte Farbe etwas Kobalttürkis hineinlaufen. Die Farbe darf dabei in die Hütte laufen und auch ins Wasser, beides wird später dunkler. Auch vermeidet man dadurch weiße Ränder an den Übergangsstellen, die störend wirken könnten.

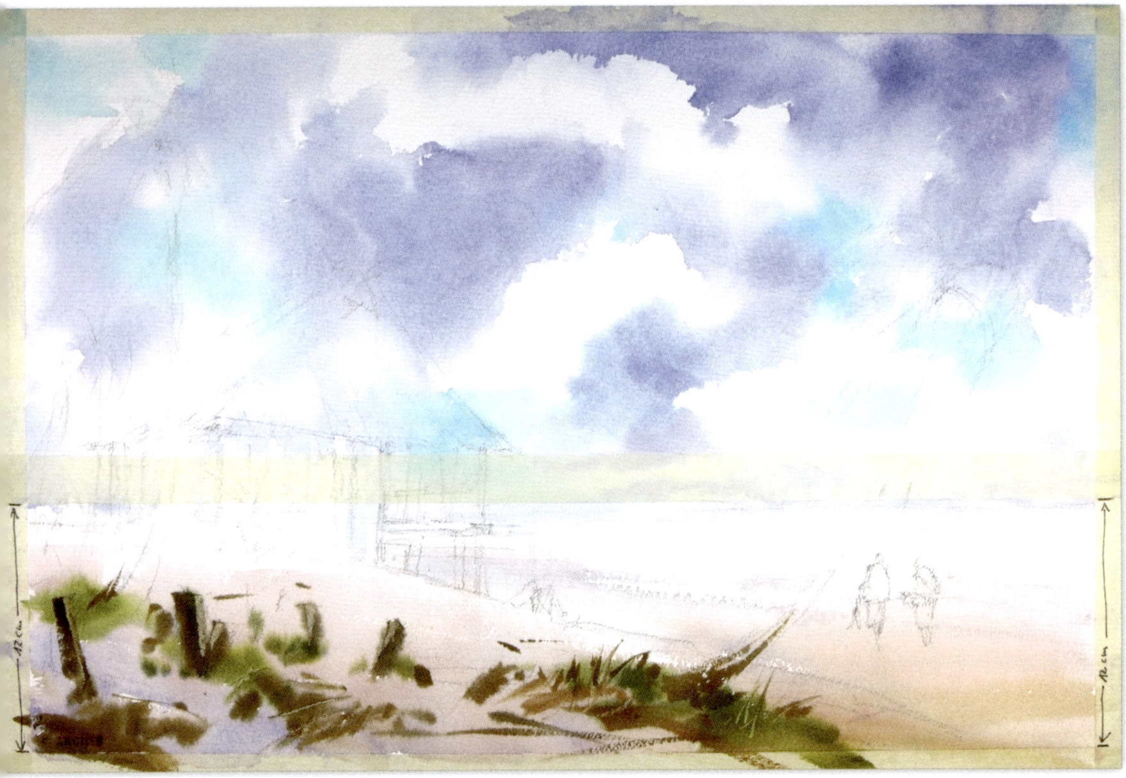

### 3. Schritt

Während der Himmel trocknet, mische zur Himmelsfarbe Siena gebrannt hinzu und male den Sand im Vordergrund ins Bild.
Quinacridongold und Ultramarinblau ergeben ein schönes Grün für die Grasbüschel. Mische aus Siena gebrannt und Ultramarinblau das Braun für die Pfosten und für die trockenen Gräser. Schaffe mit ein paar Kratzern mit der Malspachtel Struktur.
Um einen geraden Horizont zu erhalten, kannst du ihn mit Malerkrepp abkleben. Achte dabei darauf, dass der Horizont auf beiden Seiten des Blattes gleich hoch ist.



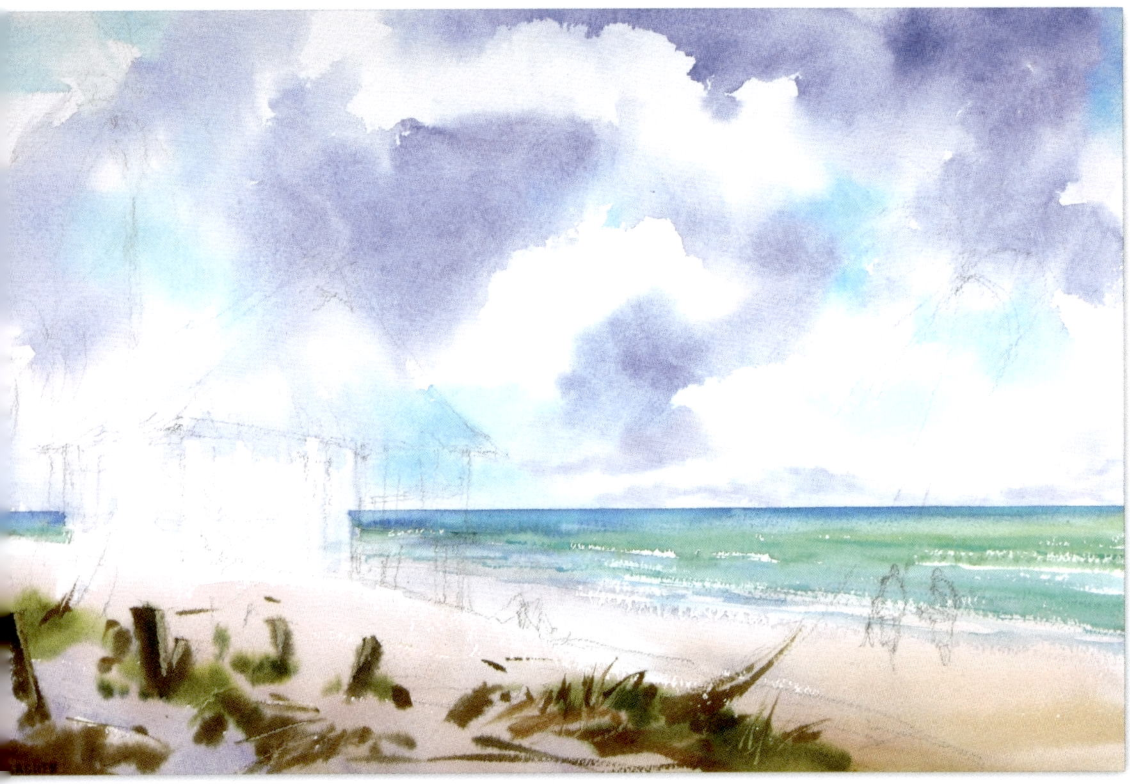

### 4. Schritt

Ultramarinblau, Türkis und ein Hauch Quinacridongold bilden das Wasser. Versuche, mit der Trockenstruktur einige kleine Wellen stehenzulassen.
Denke daran: Das Wasser, bzw. die kleinen Wellen, laufen links zu einem Fluchtpunkt zusammen.
Ziehe das Malerkrepp erst ab, wenn das Meer trocken ist. Bei gutem Papier lässt sich das Klebeband problemlos ablösen. Sollte sich das Band schlecht lösen, wärme es vorher mit dem Föhn an.

**5. Schritt**

Siena gebrannt, Karmesin und Ultramarinblau ergeben eine harmonische Farbe für das Hüttendach. Male die Schattenseite links dunkler als die Sonnenseite rechts und spare möglichst die Palme aus. Pflanze vor die Hütte einen Busch mit einem hellen Grün aus Ultramarinblau und Quinacridongold. Es genügt ein grüner, unförmiger Klecks. Definiert wird der Busch erst im nächsten Schritt mit der dunkleren Farbe. Wenn der Busch getrocknet ist, könntest du ihn nun mit Maskierflüssigkeit abdecken.

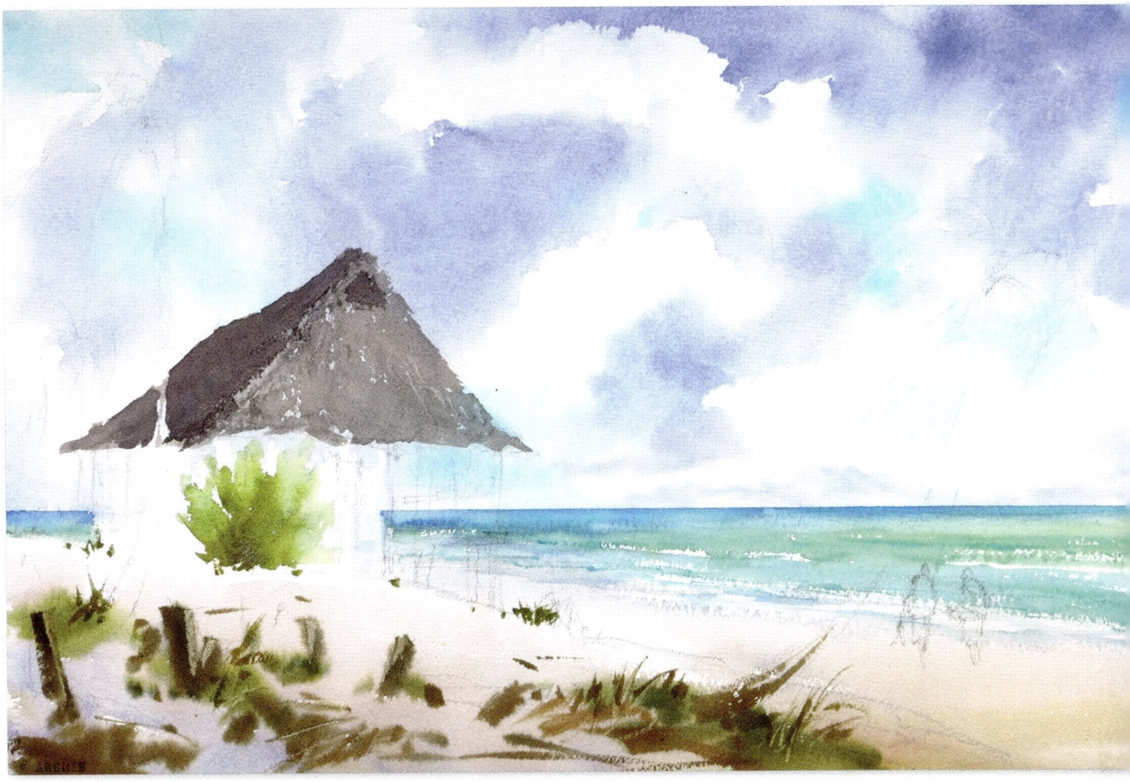



**6. Schritt**

Wenn du den Busch mit Maskierflüssigkeit abgedeckt hast, kannst du die Hütte entspannt darüber malen. Wenn nicht, dann spare ihn negativ aus, während du die Hütte malst. Links wieder etwas dunkler als rechts werden. Den Balkon am besten mit dem Schlepper aus dem Handgelenk malen. Krumm und schief ist meist interessanter als zu akkurat und gerade!
Setze unter den Dachüberhang mehr Dunkelheit und male etwas Struktur auf das Dach. Im Busch eventuell ein paar Äste andeuten.

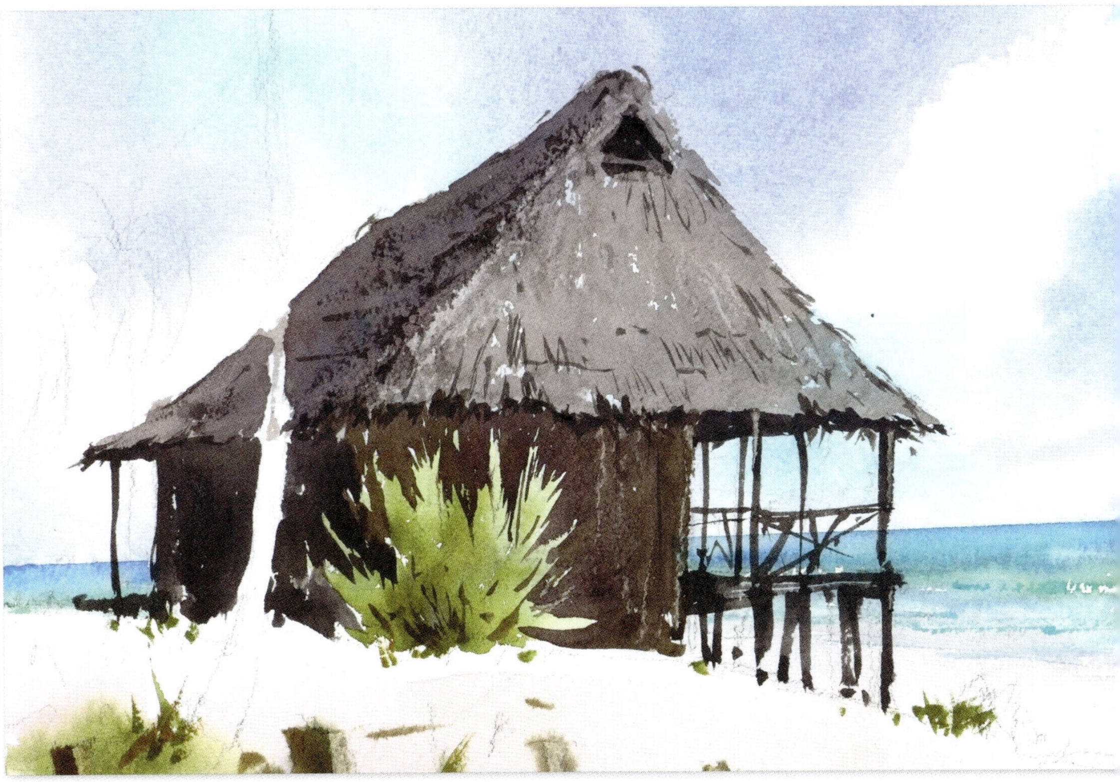

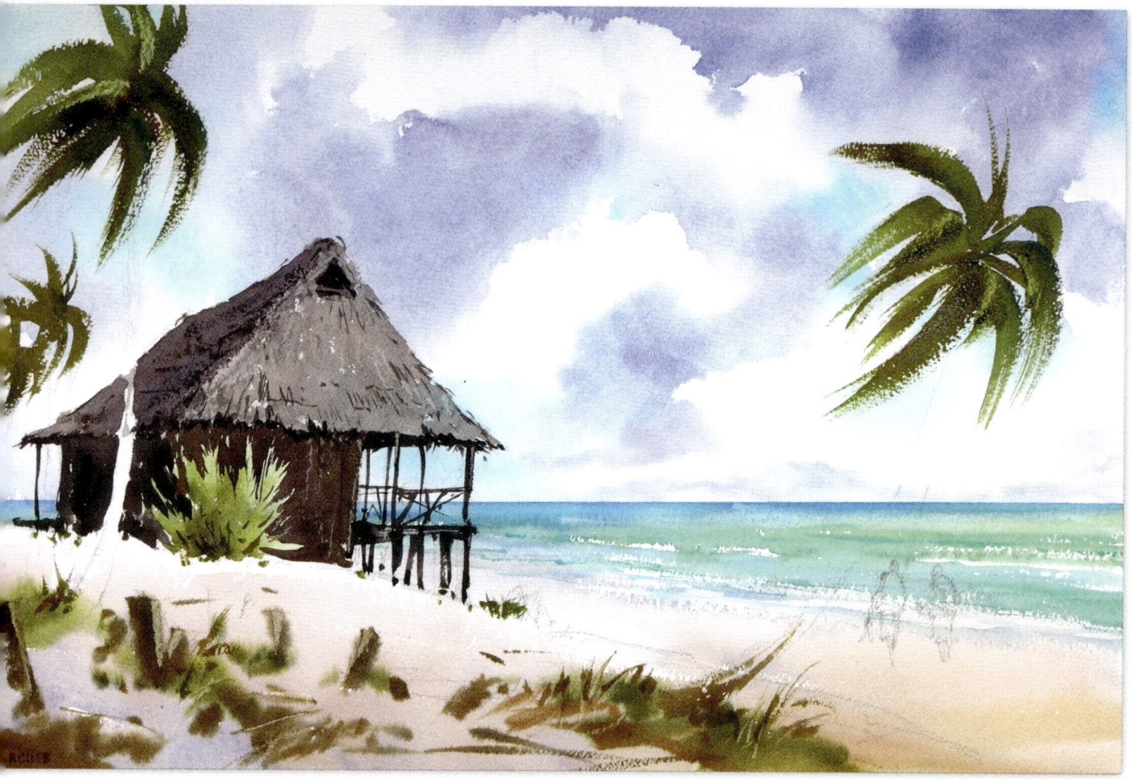

**7. Schritt**

Bleibe bei derselben Grünmischung. Ziehe die Palmwedel vom Mittelpunkt aus mit dicker Farbe und viel Schwung nach außen. Wenn du die Palmwedel alle etwas in eine Richtung neigen lässt, entsteht im Bild bereits der Eindruck von Wind.

Variiere die Farbe, die Tonwerte, die Struktur, die Richtung und die Abstände der Wedel zueinander. Mit der Malspachtel kannst du zusätzlich Struktur hineinkratzen. Teste den „Wedel-Schwung“ vorher auf einem separaten Blatt Papier mit gleicher Struktur, dann geht es im Bild einfacher.



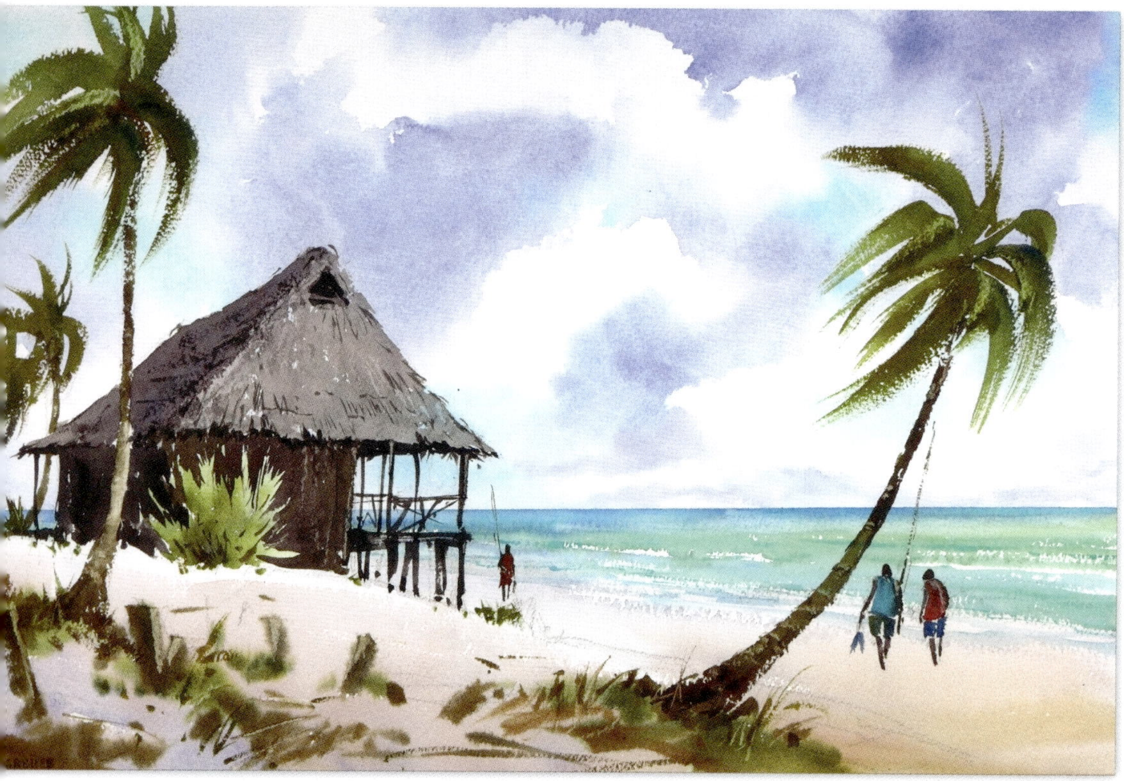

**8. Schritt**

Es folgen die Palmenstämme mit Siena gebrannt und Ultramarinblau. Wenn eine deiner Palmen vor der dunklen Hüttenwand steht, lasse den Stamm an dieser Stelle heller. Ein Wechsel von Hell nach Dunkel und umgekehrt schafft zusätzlich „Entertainment fürs Auge“, wie ich es gerne nenne. Setze mit der Malspachtel einige Kratzer für die Rindenstruktur.

Die Afrikaner dürfen schön bunt angezogen werden und sie haben dunkelbraune Haut. Fische und Angel erzählen die kleine Geschichte.

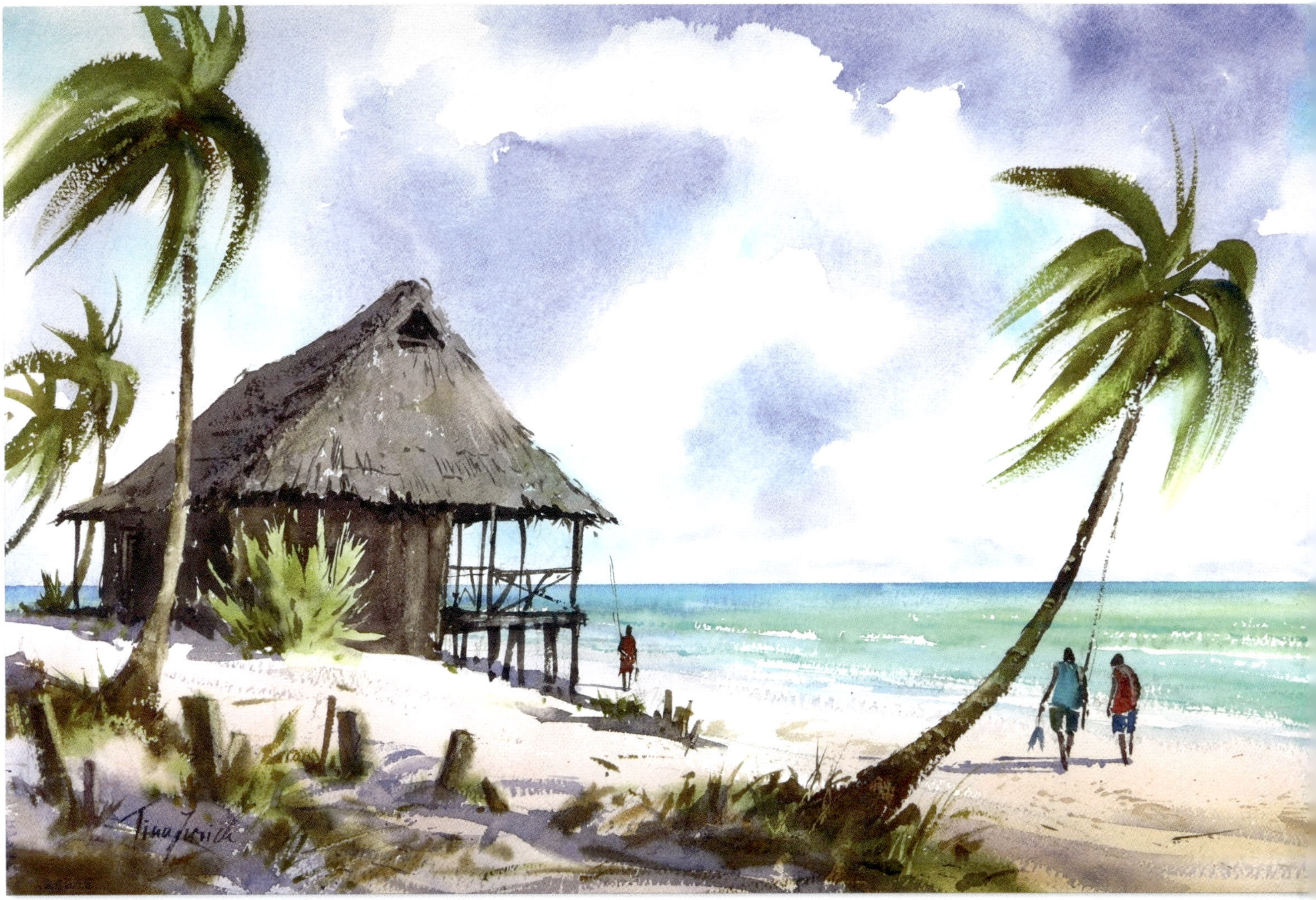

**Fertiges Bild**
Ganz zum Schluss sind die Schatten an der Reihe. Das Violett des Himmels passt hier ganz wunderbar als Schattenfarbe. Wiederholung schafft Harmonie im Bild. Die Sonne kommt von rechts vorne, also laufen die Schatten nach links hinten. Halte die Schatten bei den Figuren und bei der Hütte sehr flach. Vorne dürfen die Schatten etwas flächiger sein.
Der Vordergrundschatten erfüllt hier auch die Funktion einer Verbindung zwischen der rechten Palme und dem linken Teil des Bildes. Das Auge des Betrachters wird dadurch von einem Objekt zum nächsten getragen, ohne dass es dem Betrachter wirklich bewusst ist.

*Es gibt immer einen Weg, die Dinge besser zu machen, und kreative Menschen machen sich auf die Suche danach.*

Künstlerweisheit

# Zwischen den Gezeiten

**Du brauchst:**

Aquarellpapier Arches Feinkorn, 300 g/m²

Aquarellfarben in
- Siena natur
- Gelbgrün
- Coelinblau
- Französisch Ultramarin
- Neutraltinte

Pinsel s. S. 8

Viele Häfen dieser Welt sind von den Gezeiten abhängig. Ist das Wasser weg, sitzen die Boote auf dem Trockenen oder im Schlick und warten auf ihren nächsten Einsatz. Das hat viele Vorteile: Die Boote halten wunderbar still, wenn man sie zeichnet, und drehen sich nicht ständig. Außerdem braucht man meist keine Spiegelung zu malen; man kann sie sehr gut mit einem Schatten auf den Boden verankern und sie tuckern nicht einfach davon, während man mitten im Malprozess ist. Aber ein wenig Wasser darf trotzdem sein.

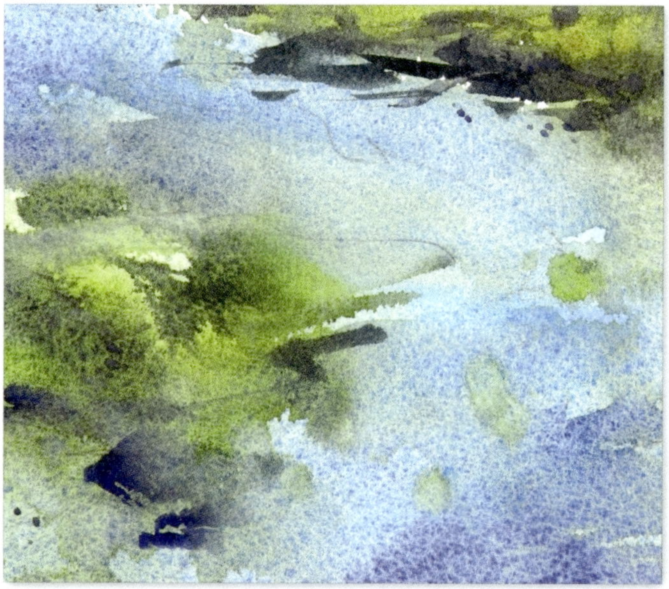

**Ausschnitt 1**
Der Priel ist mal durch eine klare Linie und mal durch einen weichen Übergang der Farben vom Schlick getrennt. Das Eigenleben der granulierenden Pigmente und Wasserrückläufe in den Farben bringen eine schöne Struktur hervor. Nasser Schlick kann so ziemlich jede Farbe haben. Hier war durch die vielen Algenablagerungen das Grün dominant.

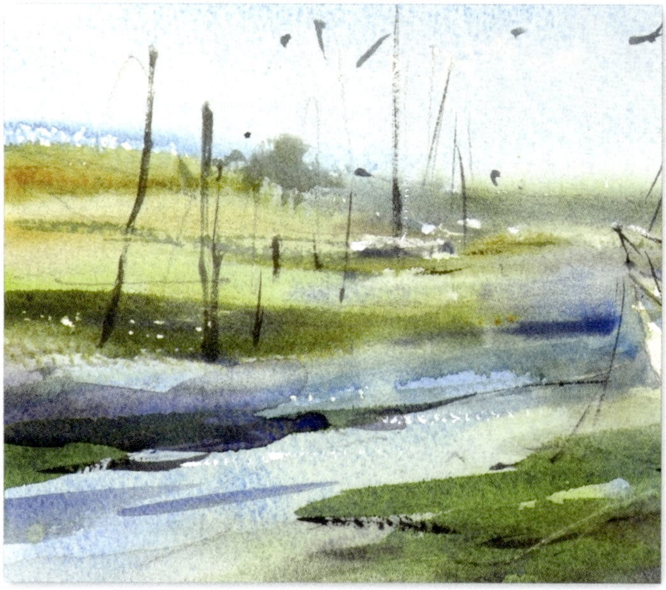

**Ausschnitt 2**
Wenn du genau hinsiehst, sind die Boote im Hintergrund nur ein paar Farbkleckse. Zwei bis drei Striche gut gesetzt - und der Betrachter baut sie in seinem Kopf zu einem Boot zusammen.
Vögel und entfernte Masten animieren die Fläche, ohne zu weit in den Vordergrund zu drängen. Priel und Schlick fließen im Hintergrund zu einer variierten Farbfläche zusammen.

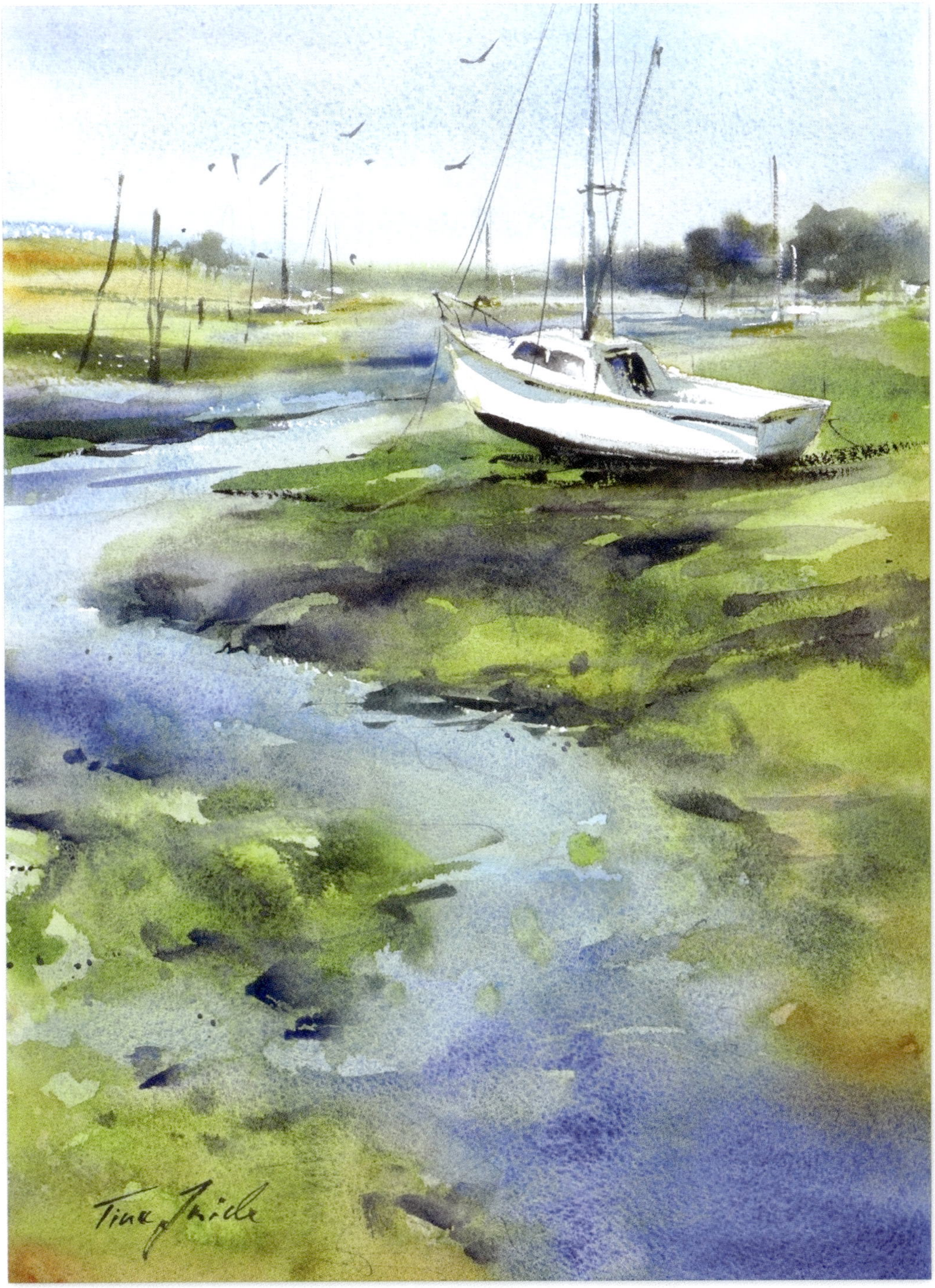


### Vorgehensweise

Zu Beginn wurde das komplette Papier mit Ausnahme des weißen Segelbootes angefeuchtet. Mit Coelinblau, Französisch Ultramarin und etwas Neutraltinte wurde im Himmel begonnen und diese Blaumischung sogleich auch in den Priel gemalt. Mal heller, mal dunkler, mal mehr von diesem Blau, mal mehr von dem anderen Blau.
Für den Schlick wurden vorwiegend Siena natur und Gelbgrün auf das noch feuchte Papier gesetzt. Hier und da durfte etwas von den Blautönen hineinlaufen. Flecken und Farbrückläufe, die man oft vermeiden möchte, können hier sehr gut für Struktur in der großen Vordergrundfläche sorgen.
Oben, im Hintergrund, wurde etwas Wald angedeutet. Nachdem diese Schicht getrocknet war, konnten die Details platziert werden. Das große Boot im Vordergrund darf genauer dargestellt werden, die Boote im Hintergrund wurden nur angedeutet.



**Tipp:** Für große Vordergrundflächen braucht es eine **gute Balance** zwischen Detail und ruhigen Flächen. Passiert zu wenig, langweilt sich der Betrachter, passiert zu viel, wirkt es schnell chaotisch und überladen.
Je weiter man zum Bildrand kommt, desto weniger Detail sollte eingebracht werden, auch sollte dieses in keinem Fall den Blick des Betrachters aus einer Ecke hinausführen.

# Abendstimmung über Paimpol

**Du brauchst:**

Aquarellpapier Arches Feinkorn, 300 g/m²

Aquarellfarben in
- Lasurorange
- Alizarin-Karmesin
- Coelinblau
- Ultramarinblau

Sprühflasche mit Wasser

Pinsel s. S. 8

Ein lauer Sommerabend an der bretonischen Küste. Die Sonne geht unter und gibt dem Himmel eine pastellige Stimmung.
Das Wasser zieht sich bei Ebbe in Prielen zurück. Diese sind meist geschwungen und werden, während sie dem Meer entgegenfließen, nach hinten flacher. Im Gegenzug werden sie zum Betrachter kommend breiter. Wenn du das in deiner Komposition beachtest, entsteht Tiefe im Bild. Dies ist auch eine Art der Perspektive, ohne dass dabei die Fluchtlinien zu einem Fluchtpunkt zusammenlaufen. Und da sich der Priel so schön nach rechts oben windet, sollte genau dort der Punkt des Interesses platziert sein. Aber Vorsicht: Lasse die Priele möglichst nicht direkt in eine Ecke laufen, denn das könnte das Auge des Betrachters leicht aus der Komposition hinausführen.



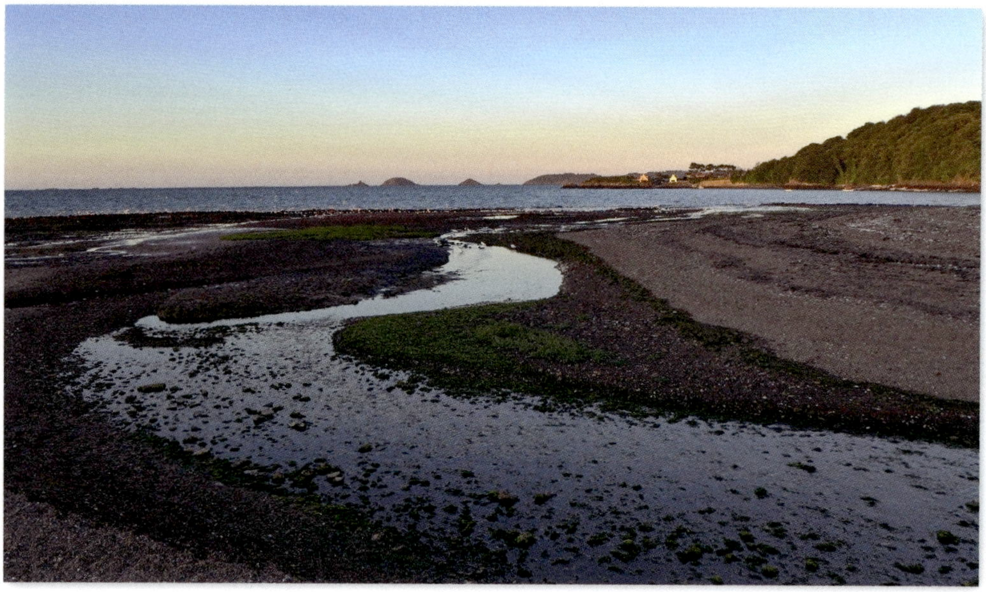

**Motiv-Vorlage**

Meistens findet sich die Farbe des Himmels in den Spiegelungen des Wassers wieder. Das ist in der Realität nicht immer so, beispielsweise wenn das Wasser stark verschmutzt ist oder so flach, dass man den Boden hindurchsieht. Um aber Farbharmonie im Bild zu erreichen, empfehle ich, die Farbe des Himmels zumindest in Teilen im Wasser zu wiederholen. Künstlerische Freiheit darf und muss hier angewendet werden.

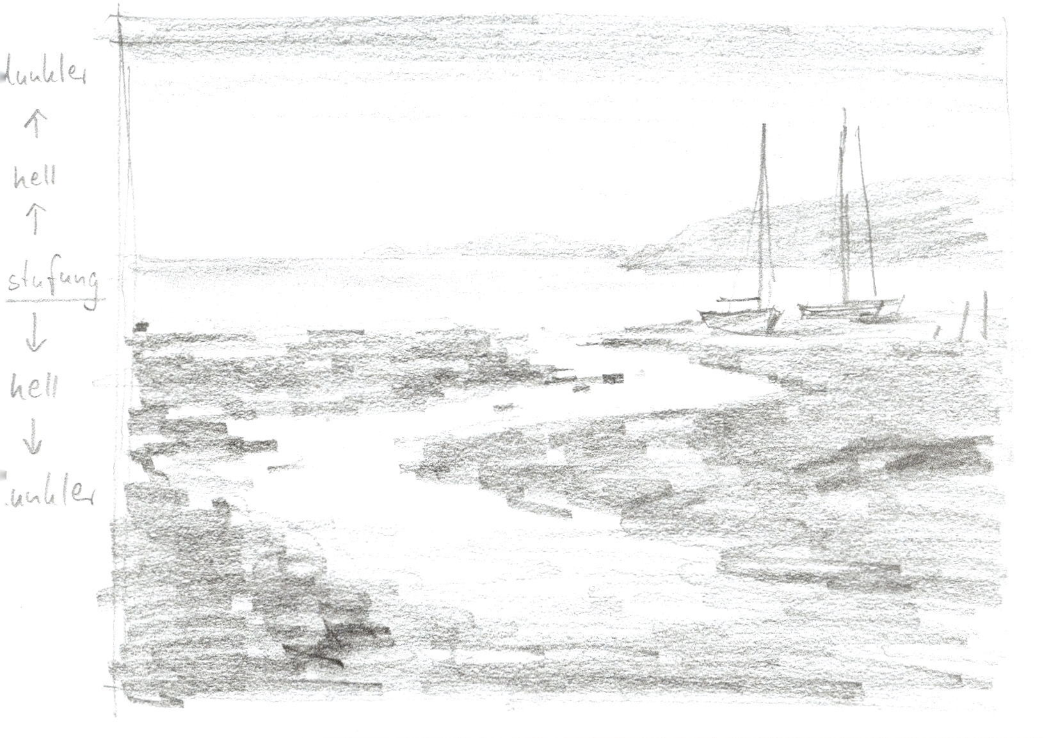


**1. Schritt**
Lege deine Tonwerte in der Planungsskizze so an, dass die Priele klar herauskommen. Der Strand muss also um einiges dunkler sein.
Der Horizont befindet sich im oberen Drittel des Bildes. Das Meer am Horizont dunkler planen als den Himmel. Das Wasser soll vom Horizont aus jeweils nach unten und oben von hell nach dunkel abgestuft werden. Während du die Tonwertskizze machst, festigt sich in deinem Kopf der „Fahrplan" für dein Aquarell, und es ist dann einfacher, die Farben im benötigten Tonwert anzumischen.



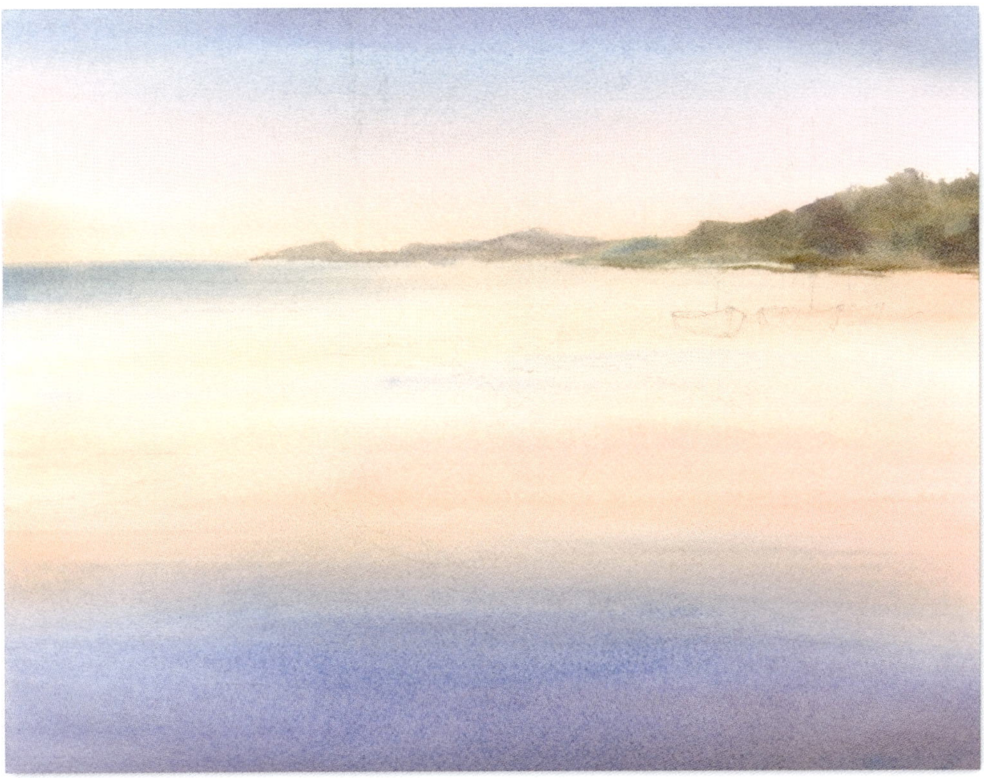

**2. Schritt**
Feuchte das komplette Papier an. Alles muss gleichmäßig feucht sein, aber es sollten keine Pfützen auf dem Papier stehen. Beginne am Horizont mit wenig Lasurorange, gehe dann in Alizarin-Karmesin über und schließe jeweils nach oben und nach unten Coelinblau und Ultramarinblau an. Solange das Papier noch gleichmäßig feucht ist, kannst du die Farben noch verändern. Male dann mit sehr pastoser Farbe und fast trockenem Pinsel im Hintergrund die Berge am Horizont rechts und einen Streifen Coelinblau für das Meer links auf das noch feuchte Papier.

### 3. Schritt

Es geht auf trockenem Papier weiter. Dafür kommt jetzt viel Wasser mit den Farben in den Pinsel, sodass sich die Farben auf dem Papier vermischen können. Versuche, immer eine der Farben dominieren zu lassen, um die Schlickfläche lebendig zu halten. Die Farben können nur ineinanderlaufen, wenn du feucht genug arbeitest.
Lege die Fläche vorne dunkler an und lasse sie nach hinten heller werden. Ein bis zwei Spritzer mit der Sprühflasche lösen die harten Kanten im Vordergrund auf und bringen etwas Struktur in die Fläche.

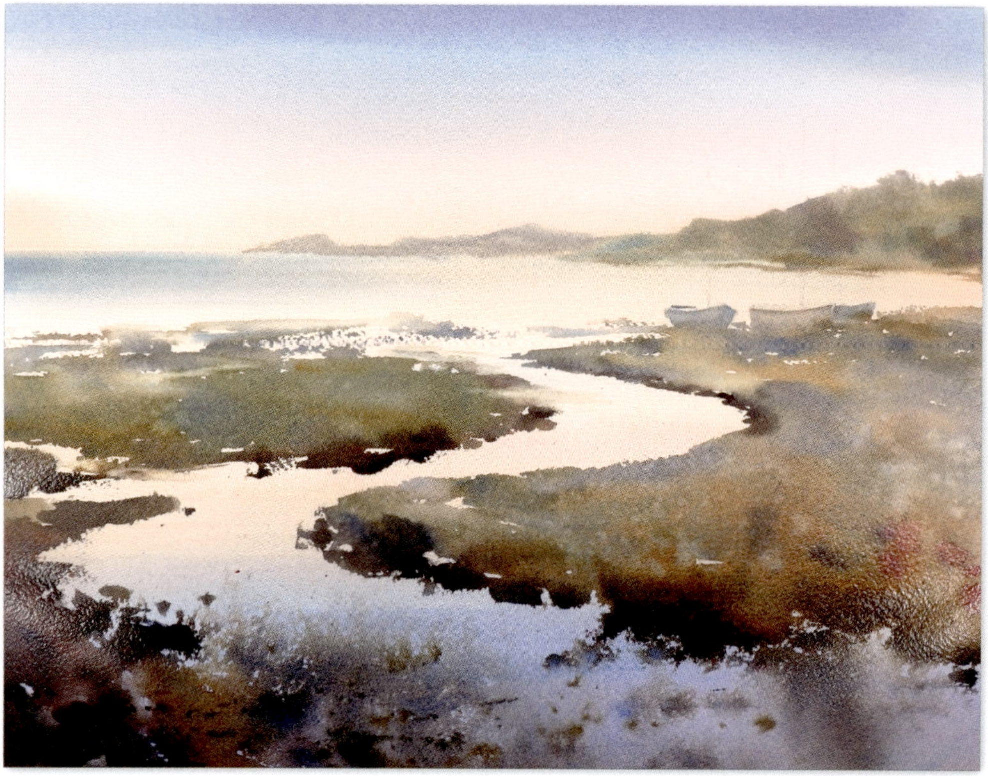



### 4. Schritt

Die Boote liegen in der Ferne und sollten nicht viel Detail bekommen. Ziehe die Masten mit dem Schlepper aus dem Handgelenk. Für die dünnen Seile solltest du den Schlepper fast trocken halten und nur die Spitze benutzen.
Es genügt, die Details nur anzudeuten. Verrate nicht alles mit dem Pinsel! Lasse die Fantasie des Betrachters Fehlendes ergänzen. Male jedes der Boote etwas unterschiedlich und variiere auch die Abstände. Vielleicht ein paar Pfosten in den Sand stecken, ein paar Seile verteilen und die Möwen aufscheuchen!

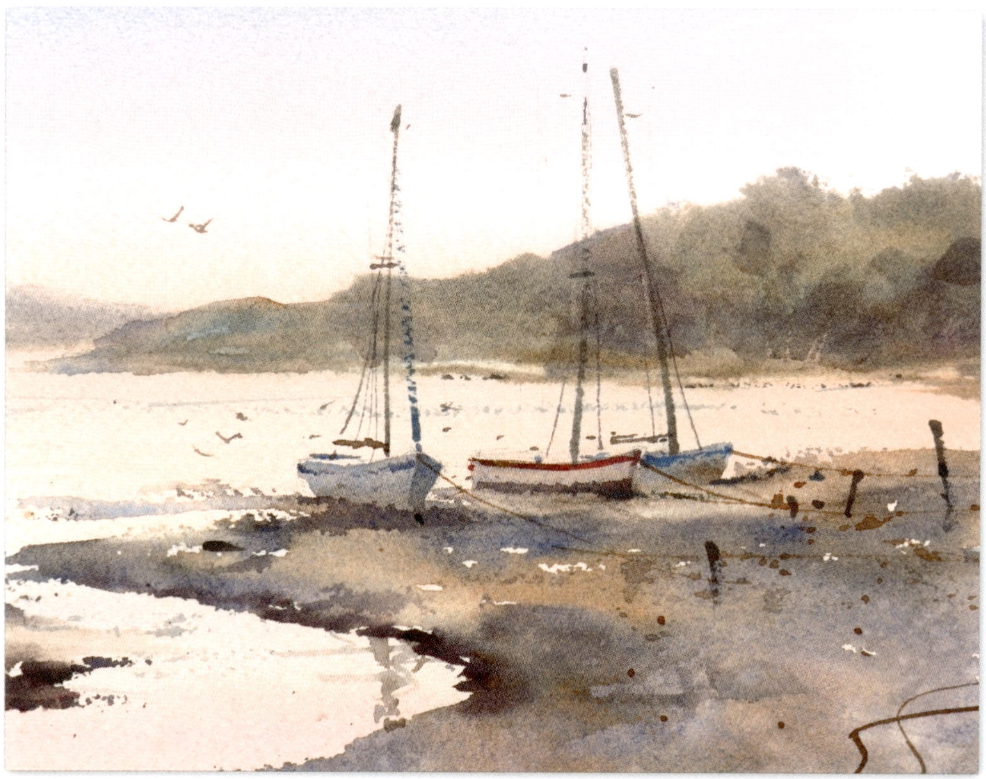

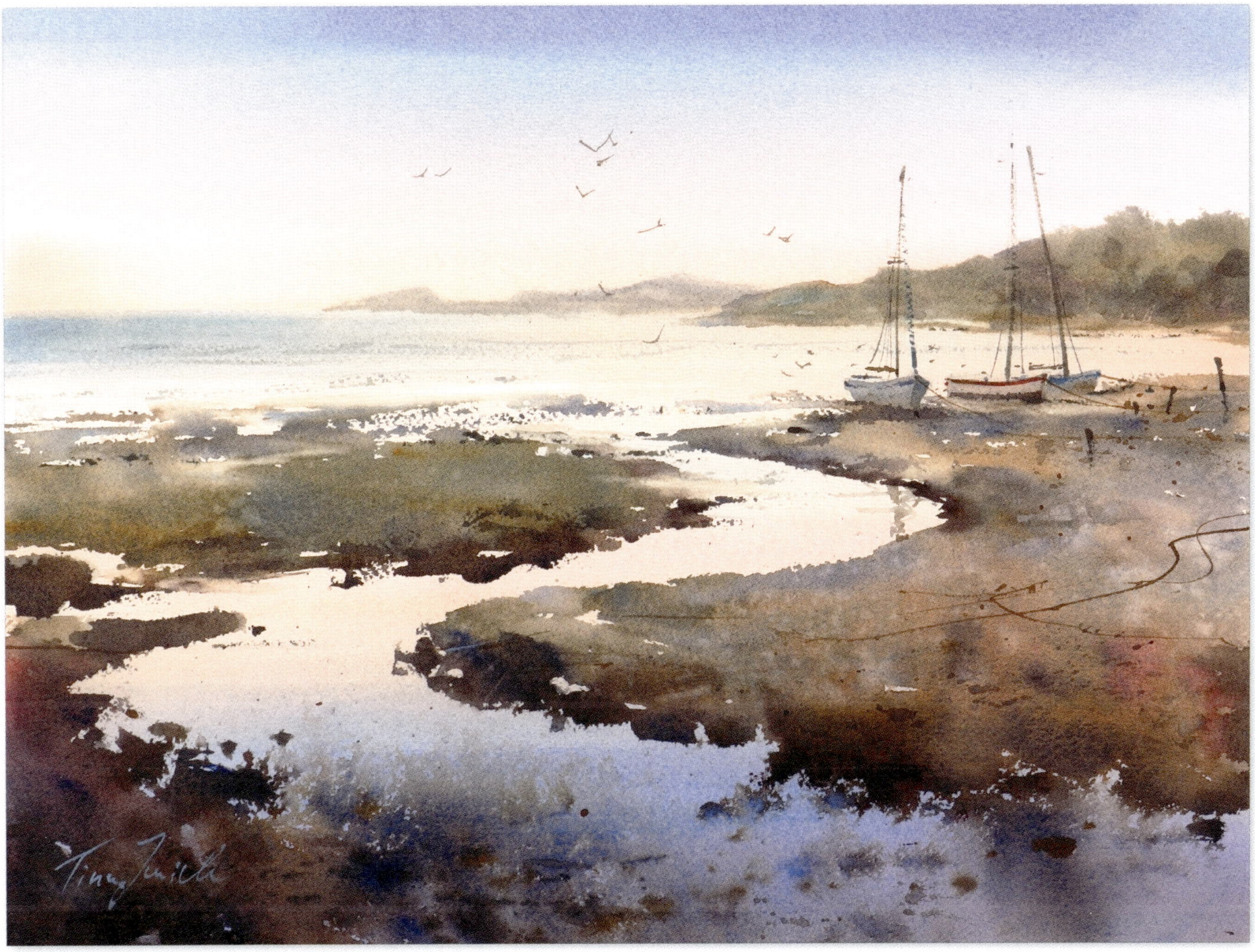



### Fertiges Bild

Prüfe, ob deine Strandfläche dunkel genug geworden ist und sich der Priel gut absetzt. Wenn nicht, dann kannst du jetzt noch etwas Farbe nachlegen. Dunkler geht immer, auch wenn die erste Lavur dann oft an Frische verliert.
Ist die Fläche zu einheitlich geworden, ist es noch möglich, mit Spritzern und Struktur weiteres visuelles Entertainment zu schaffen. Auch das Kratzen mit der Malspachtel wäre eine Option. Höre deinem Bild gut zu, was und vor allem wie viel es braucht.

**Tipp:** Wir sollten **nie der Sklave einer Vorlage sein** und nur abmalen, was wir sehen. Wäge vielmehr gut ab, was der Komposition guttut und was weggelassen bzw. was eventuell hinzugefügt werden sollte. Der Maler ist der Regisseur auf der Bühne, der seine Schauspieler bestmöglich in Szene setzt, um eine spannende Geschichte zu erzählen.

# Warten auf die Flut

**Du brauchst:**

Aquarellpapier Arches Feinkorn, 300 g/m²

Aquarellfarben in
- Jaune brillant
- Kobalttürkis
- Französisch Ultramarin
- Alizarin-Karmesin
- Lasurorange
- Siena gebrannt

Pinsel s. S. 8

Nicht bei jedem Motiv mit einer größeren Wasserfläche wird schon so viel Abwechslung geboten wie bei diesem Foto von den Fischern auf Sansibar.
Der Sand auf Sansibar ist so weiß, dass er wie Mehl aussieht. Verunreinigungen gibt es kaum und das Wasser ist glasklar. Erst hinten, im tieferen Bereich, nimmt das Wasser die Farbe des Himmels an. Die flacheren Gewässer vorne leuchten oft türkis. Die Flecken im Wasser sind Algen.
Eine durchgehende, einheitliche blaue Wasserfläche wäre sehr langweilig anzusehen. Besonders bei einem Hochformat, bei dem das Wasser zwei Drittel der Bildfläche einnimmt, muss gut variiert werden. Alle 3–5 cm sollte ein Wechsel stattfinden, um den Betrachter zu unterhalten. Dies gelingt durch Variation in der Dunkelheit bzw. Helligkeit, in der Farbe und in der Struktur des Wassers.
Wenn du die Himmelfarbe im Wasser wiederholst, bringt das Farbharmonie ins Bild. Umgekehrt müssen aber nicht alle Farben des Wassers im Himmel zu finden sein. Das Wasser spiegelt die Umgebung wider.



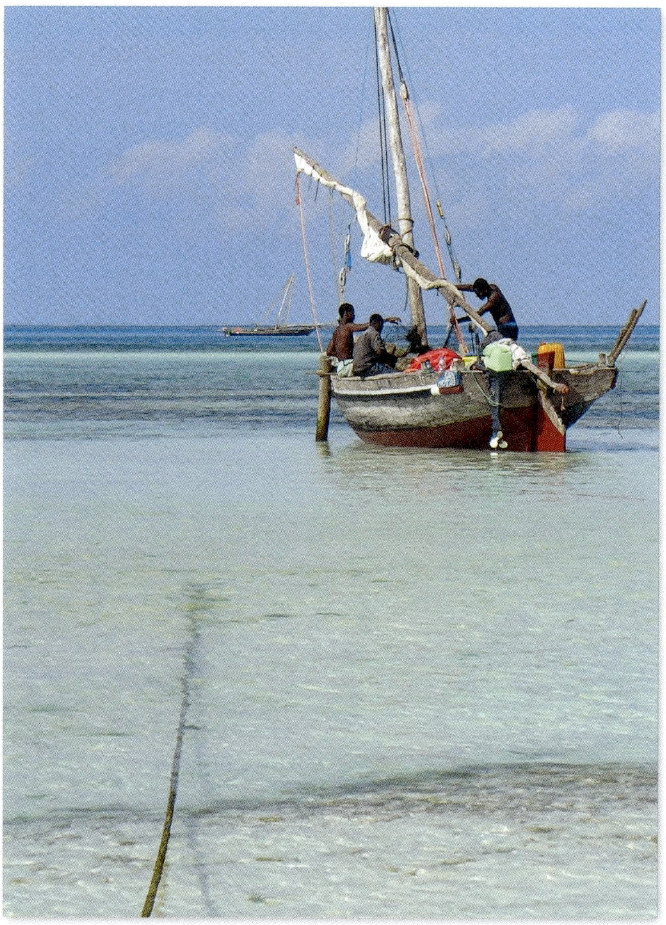

**Motiv-Vorlage**
Auf Sansibar hat man viel Zeit. Die Fischer im Boot warten geduldig auf die Flut, um dann auslaufen zu können. Bei Ebbe sitzen die Boote auf dem Sand. Links und rechts sind Pfosten an das Boot gebunden, damit es nicht umfällt. Noch ist das Segel eingerollt. Sobald das Boot schwimmt, wird zunächst mit dem Motor tieferes Gewässer angesteuert und dann erst das Segel gehisst. Bei schwülen 38 Grad im Schatten und einer leichten Brise ist es angenehm, das Treiben am Strand zu beobachten.

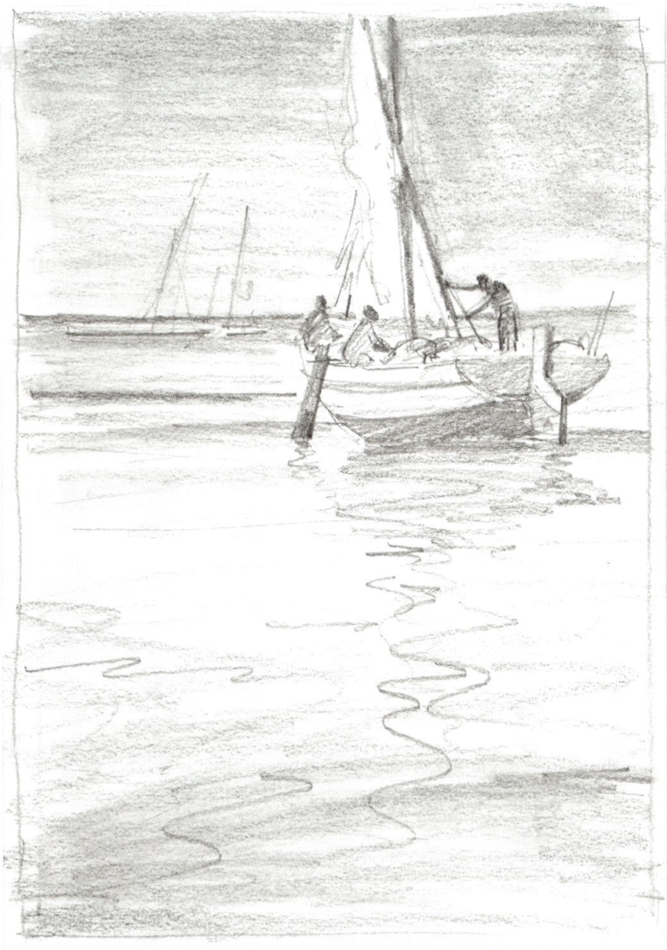

**1. Schritt**

Der Horizont sollte im oberen Drittel der Komposition sitzen. Studiere die Form des Bootes: Das Heck ist z.B. breiter als die linke Seite des Bootes. Platziere es auf die rechte Seite des Bildes.

Überlege dir nun, wie dunkel das Wasser werden soll und wie du es variieren möchtest. Wo wird es dunkler und wo heller und wie breit sind die Abstände zwischen den unterschiedlichen Farbstreifen? Wenn das Segel weiß bleiben soll, muss es ausgespart und der Himmel folglich an der Stelle dunkler werden. Die Fischer könnten auch zum Schluss eingefügt werden.

**2. Schritt**

Mische ausreichend Französisch Ultramarin auf deiner Palette an und gebe etwas Alizarin-Karmesin hinzu. Male nun den Himmel und spare dabei die weißen Wolken und das Segel aus.

Für das Segel kannst du Maskierflüssigkeit verwenden. Dann ist es leichter, den Himmel anzulegen. Für die Wolken solltest du keine Maskierflüssigkeit verwenden; sie werden dann zu steif und scharfkantig. Lasse eventuell auch einen Klecks Türkis in die feuchte Farbe laufen. Oben darf der Himmel kräftiger in der Farbe werden und unten etwas blasser. Löse hier und da die Wolken mit etwas klarem Wasser an, sodass sie einen weichen Rand bekommen. Sollten die Wolken ganz verschwinden, ist das nicht so schlimm. Lasse das Papier trocknen.

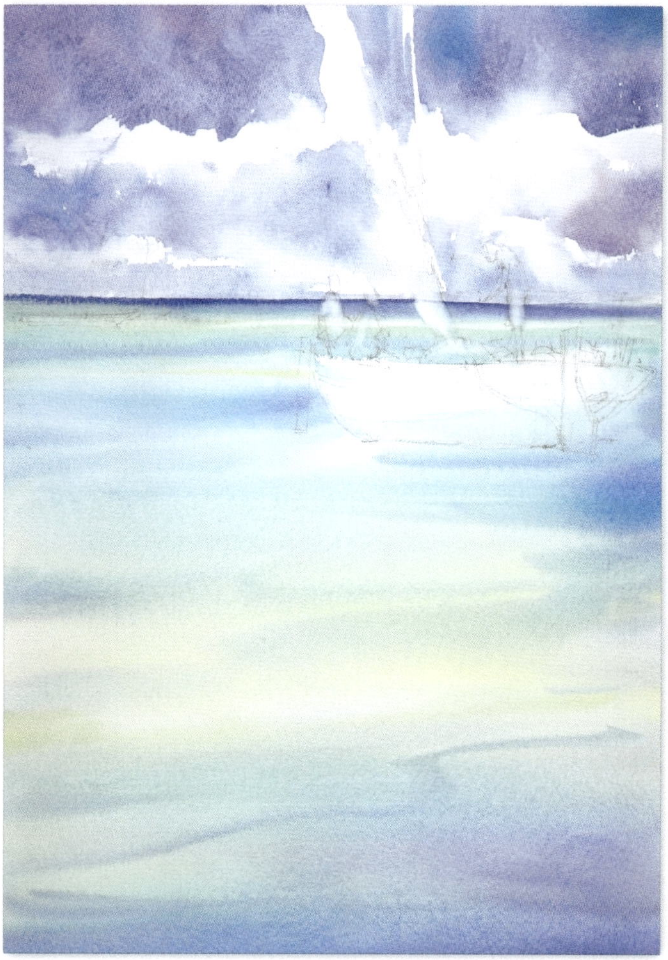

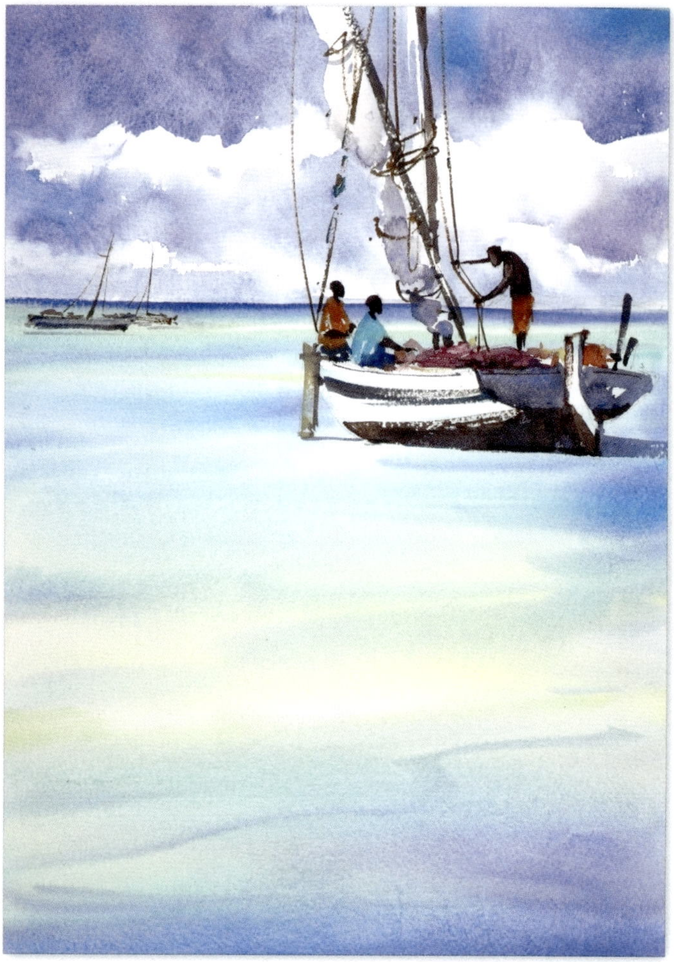



### 3. Schritt

Feuchte die komplette Wasserfläche mit klarem Wasser an. Lege dann zuerst Jaune brillant mit großzügigen Strichen in den vorderen und zwei schmälere Striche in den hinteren Teil des Wassers. Aber Vorsicht: Jaune brillant ist sehr deckend; nicht zu viel davon nehmen!
Lege Französisch Ultramarin, Kobalttürkis und einen Hauch Alizarin-Karmesin dazwischen. Alles muss gleichmäßig feucht sein, damit es weiche Übergänge gibt. Schließe am Horizont, zum Himmel hin, dunkler ab.
Ich finde es einfacher, den Horizont in einem Strich durchzuziehen und dann die Farbe mit dem Pinsel an den Stellen herauszunehmen, an denen die Fischer Platz nehmen werden und wo das Segel positioniert ist.

### 4. Schritt

Male nun den Mast und die Stange, an der das große Segel hängt. Einige bunte Farbkleckse im Boot deuten Netze und sonstige Gerätschaften an Bord an. Setzt du das Heck des Bootes in den Schatten, wirkt es sofort räumlicher. Spare das Ruder aus. Setze auf die linke Seite des Bootes zwei schwungvolle Pinselstriche, um den Bootsrumpf zu beschreiben. Füge dann den Stützpfosten hinzu.
Die Menschen auf Sansibar lieben knallige Farben, also ziehe die Fischer schön bunt an. Die Gesichter und Arme dürfen sehr dunkel sein, dafür ist eine Mischung aus Französisch Ultramarin und Siena gebrannt geeignet. Zeichne mit dem Schlepper die Takelage an das große Boot und deute die beiden entfernteren Fischerboote an.

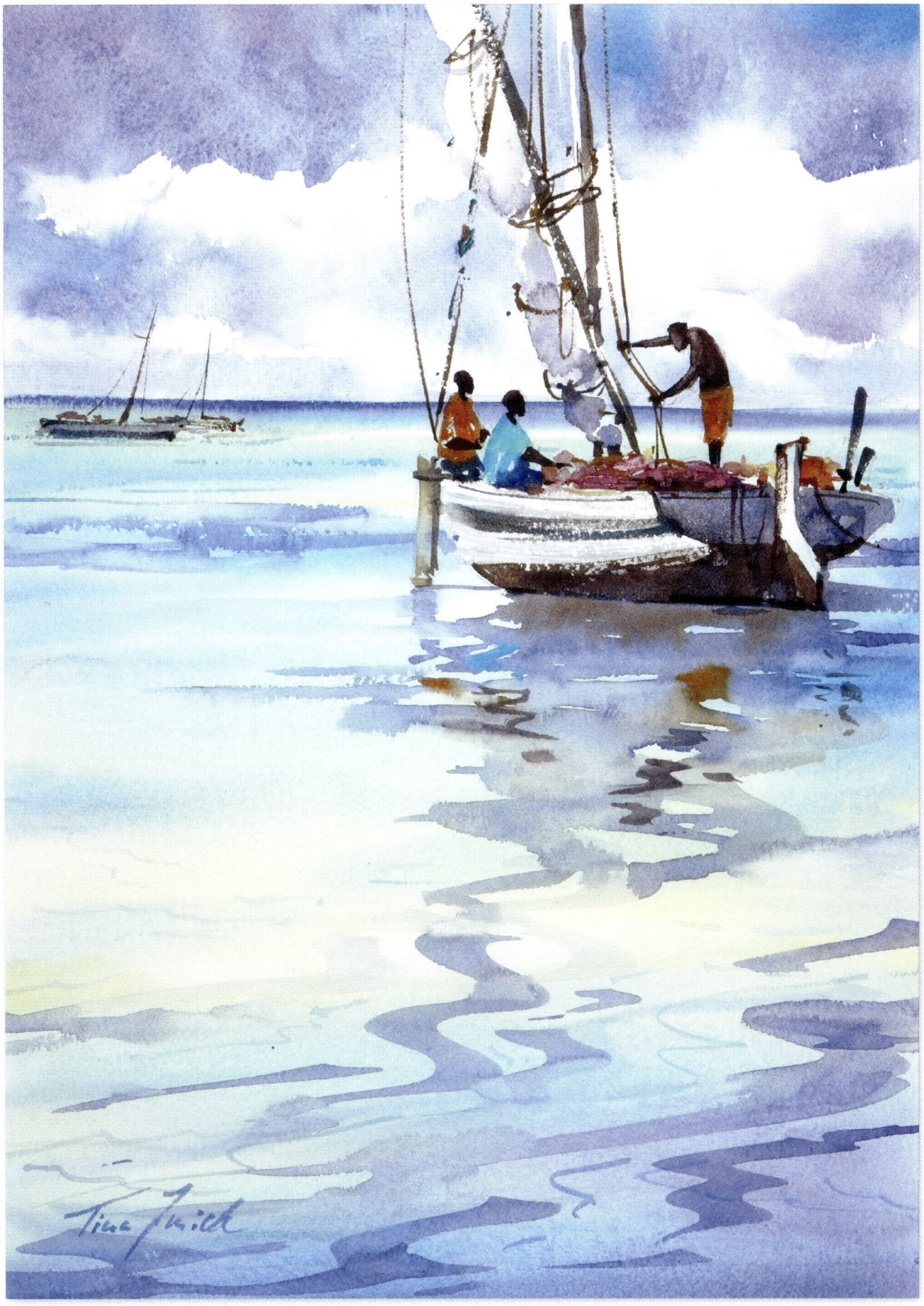


### Fertiges Bild

Mische eine Pfütze der Himmelfarbe auf deiner Palette an und lege die große Spiegelung vorne unter das große Boot. Die Spiegelung beginnt an der Stelle, an der das Boot im Wasser sitzt. Schwinge dabei den Pinsel parallel zum Horizont hin und her, um eine leichte Wellenbewegung anzudeuten. Lege zügig die Farben der Kleidung der Fischer und die Farben des Bootes in die noch feuchte Spiegelung. Dabei darf so gut wie kein Wasser im Pinsel sein, nur pastose Farbe, sonst entstehen runde Flecken in der Spiegelung, die nicht natürlich wirken würden. Ziehe erst dann weitere Pinselschwünge in den Vordergrund und deute eventuell hinten noch einige kleine Wellen an.



**Tipp:** Wellenlinien können gut dafür verwendet werden, das Auge des Betrachters **durch eine Komposition zu führen**. Bei „Warten auf die Flut" laufen sie von der Spiegelung der rechten Bildseite nach links und dann wieder Richtung Boot ins Bild. Führe Wellenlinien möglichst nie direkt aus Ecken heraus, sondern lasse sie an den langen Seiten auslaufen.

# Raus am frühen Morgen

**Du brauchst:**

Aquarellpapier Arches Grobkorn, 300 g/m²

Aquarellfarben in
- Siena natur
- Siena gebrannt
- Französisch Ultramarin
- Coelinblau

Malspachtel

Pinsel s. S. 8

Da hat man ein schönes Fischerboot fotografiert, aber der Hintergrund des Fotos ist nicht so ansehnlich, wie hier diese kalifornische Wohnsiedlung. Das ist schnell geändert. Lasse weg, was nicht in die Stimmung deines Bildes passt, und füge etwas Harmonischeres hinzu! Ein kleines Leuchtfeuer erschien mir hier passend als Gegengewicht zum Boot.
Wenn ein Boot in ein Bild hineinschippert, dann sollte es noch etwas Raum nach vorne haben, denn sonst entsteht der Eindruck, es könnte gleich an den Bildrand stoßen. Vielleicht wäre hier ein horizontales Format doch die bessere Entscheidung gewesen, es hätte dem Boot noch mehr Platz eingeräumt.
Auch Boote verursachen kleine Wellen, die meist vorne am Bug und hinten am Heck entstehen. Maskierflüssigkeit ist bei den kleinen, weißen Flächen eine Option, wenn du Angst hast, sie im Eifer des Gefechtes zu übermalen.



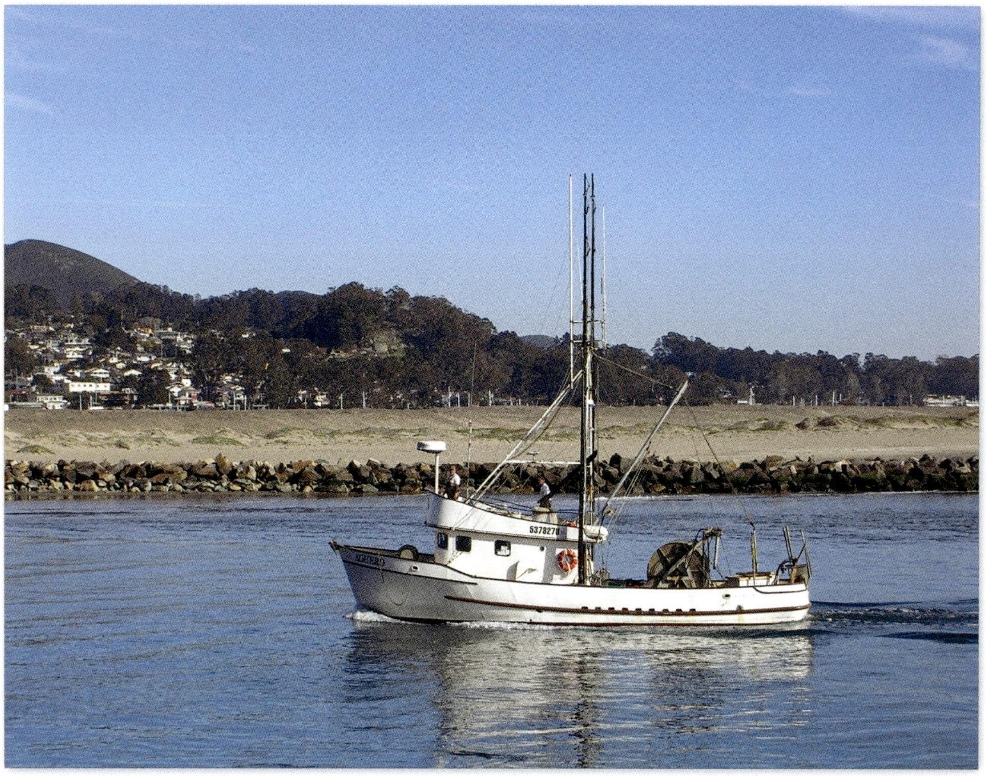

**Tipp:** Die erste Entscheidung, die bei einer Komposition zu fällen ist, ist die **Formatwahl**. Wähle ein Format, das deinem Motiv und der gewünschten Stimmung entgegenkommt und es bestmöglich im Bildraum präsentiert.

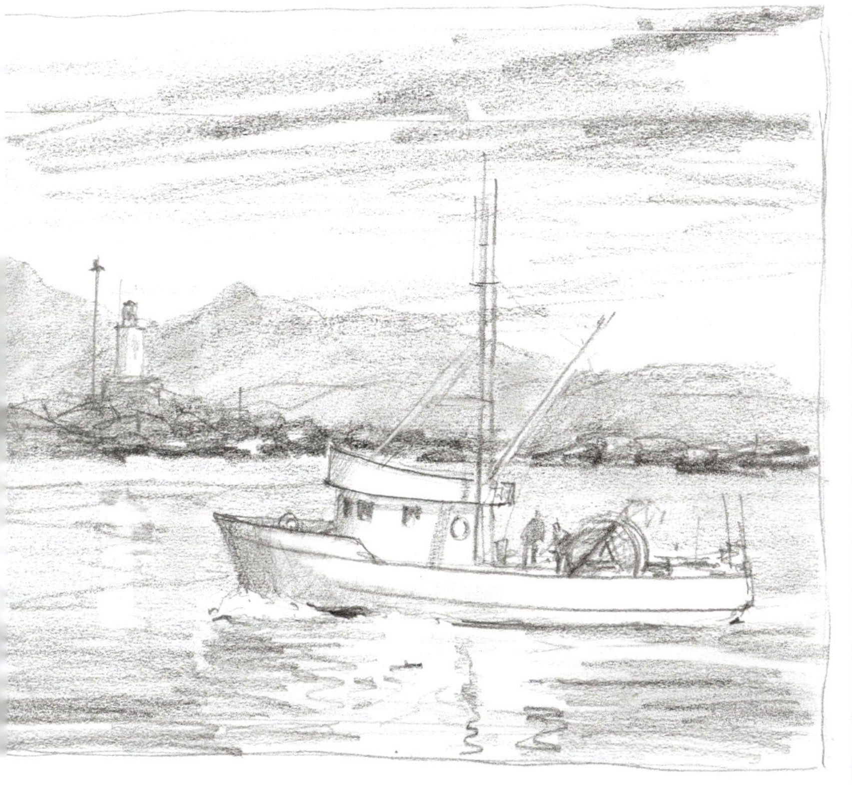

### 1. Schritt

Besonders, wenn man an der Komposition Veränderungen vornehmen möchte, ist eine Tonwertskizze extrem hilfreich. Sind alle großen Formen, Helligkeiten und Dunkelheiten eingefügt, kannst du meist sofort sehen, ob die Bildaufteilung stimmig ist. Vielleicht findest du ein Querformat für dich stimmiger. Wenn ja, dann ziehe alles etwas weiter in die Länge. Möchtest du lieber einen anderen Leuchtturm oder vielleicht gar keinen? Woher kommt dein Licht? In der Skizze kannst du alle deine kreativen Ideen ordnen, bis du einen für dich ansprechenden Bildaufbau gefunden hast.
Die Uferkante sollte nicht auf dem Boot sitzen, eine Überlappung der Objekte schafft zusätzlich Tiefe.

### 2. Schritt

Feuchte den Himmel partiell mit klarem Wasser an und lege ihn im Wechsel mit Coelinblau und Französisch Ultramarin an, damit sich die Farben auf dem Papier mischen können. Wenn etwas Siena natur mit hineinrutscht, wie bei mir geschehen, kein Problem. Grasgrün sollte der Himmel aber nicht werden.
Ziehe den Himmel über die Berge bis zur Wasserkante, an der die Steine liegen. Würdest du mit dem Himmel an den Bergen aufhören, würde später dort eine unschöne Kante entstehen. Aquarellhimmel haben ein reges Eigenleben und es kommt immer anders, als man denkt. Lasse es fließen und habe Spaß mit den Wolken, die sich heute an deinem Wetterhimmel bilden.

### 3. Schritt

Mit den Bergen im Hintergrund kannst du schon auf dem feuchten Papier loslegen, wobei die Farbe dann sehr pastos sein muss, damit die Berge nicht in den Himmel verschwinden. Spare das Leuchtfeuer dabei aus.
Ist das Papier bereits getrocknet, wird der obere Rand nur härter, aber sicherlich genauso schön. Bleibe bei denselben Farben - Französisch Ultramarin, Coelinblau - und mische für das Grün in den Hügeln nun mehr Siena natur dazu. Bei den Steinen kommt noch Siena gebrannt zur Mischung hinzu. Versuche, die Farben der Steine leicht zu variieren, ebenso die Form und die Größe. Kratze mit der Malspachtel ein paar Helligkeiten in die Steine. Die Unterkante der Steine zum Wasser unregelmäßig und gebrochen malen, um bereits das bewegte Wasser anzudeuten.

### 4. Schritt

Jetzt wird es etwas kniffelig, weil du das Wasser um das weiße Boot herum malen musst. Was das Aquarell schwieriger als andere Techniken macht, ist, dass man oft mehrere Dinge gleichzeitig malt. Während du das Wasser malst, musst du gleichzeitig auch an das Boot denken.
Das Wasser spiegelt die Farben des Himmels wider. Beginne an der Steinkante mit Trockenstruktur, ziehe die Farbe dann links und rechts am Boot vorbei nach unten und lasse sie dort wieder zusammenlaufen. Die Bugwelle vorne und die Heckwelle hinten ebenfalls aussparen. Lege etwas dunklere Farbe an die Stelle ins Wasser, an der sich der Schatten des Bootes spiegelt.

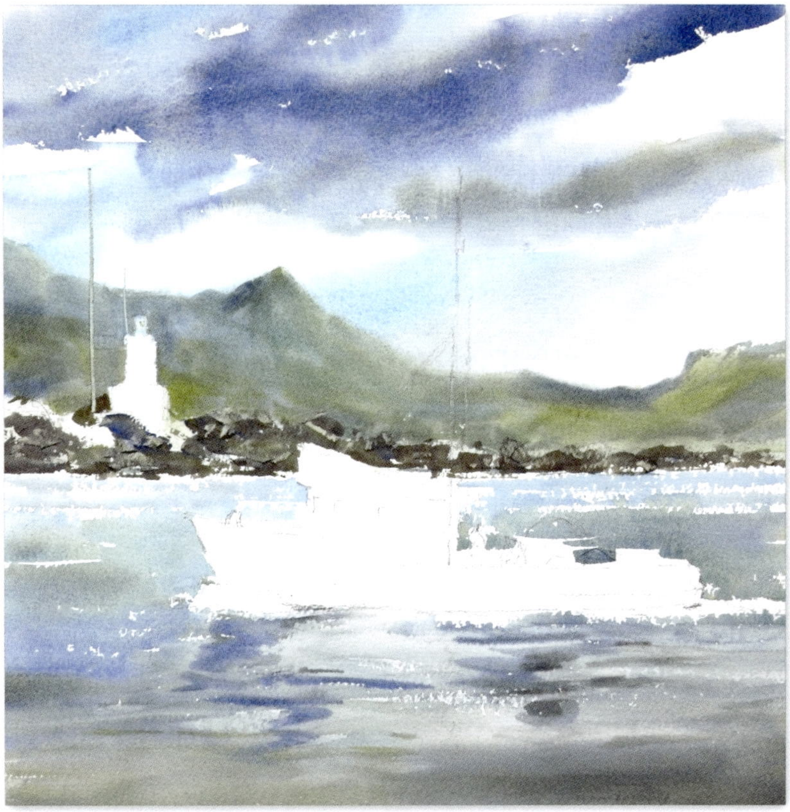

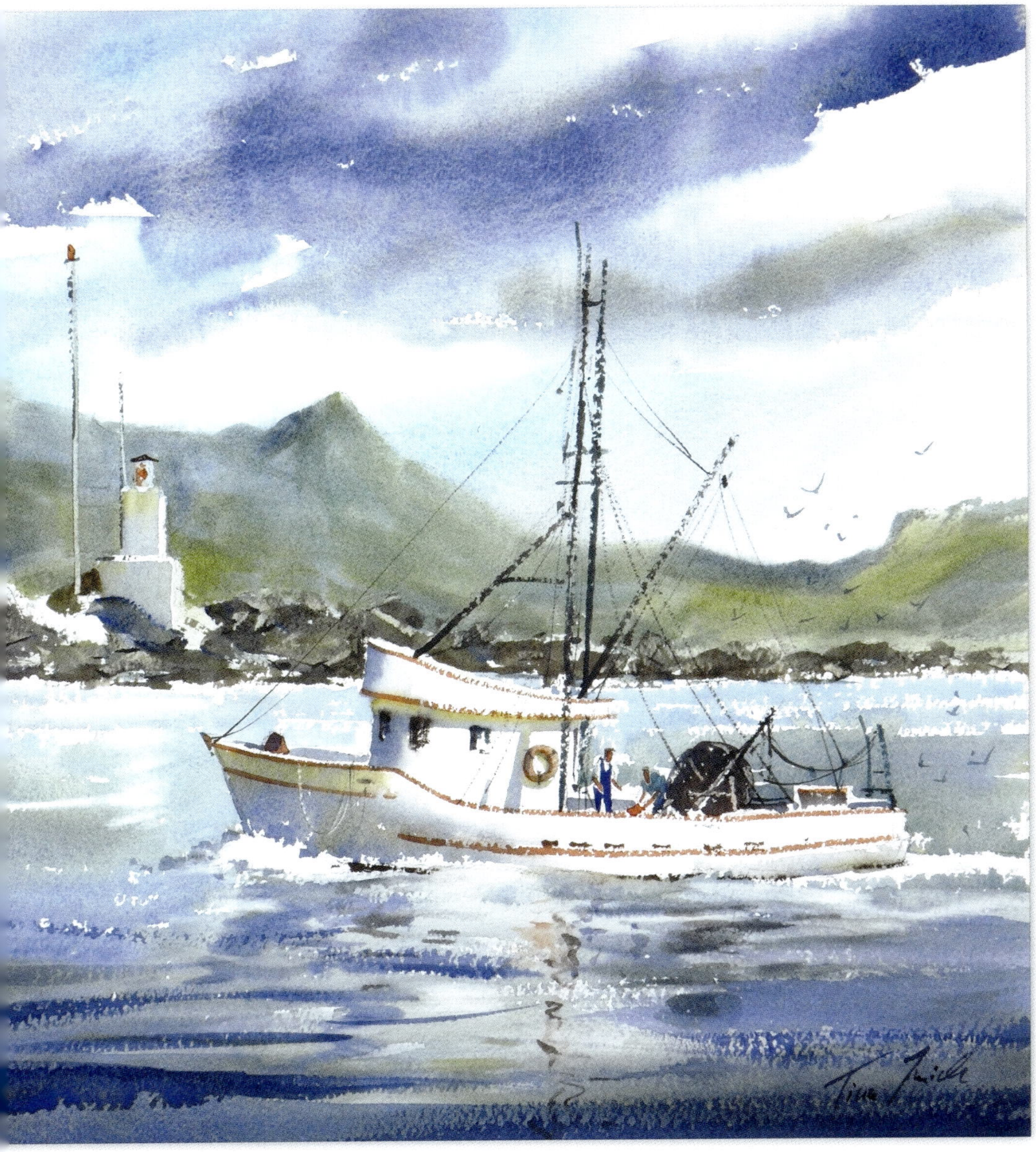

### Fertiges Bild

Wenn das Papier getrocknet ist, geht es mit dem Schatten in der Himmelfarbe links am Boot weiter. Spare dabei die Gischt am Bug aus. Ziehe für das reflektierte Licht unter der Kajüte etwas Siena natur in die feuchte Farbe. Gib dem Fischerboot Masten und male die Rolle, auf der das Netz aufgewickelt wird, einige Seile, die Fenster, die roten Streifen auf dem Boot und den Rettungsring.
Die beiden Fischer beleben das Bild, könnten aber genauso gut in der Kajüte sein, wo man sie nicht sieht. Hinten im kleinen Leuchtturm wiederholen sich die Farben des Bootes.
Ist dein Aquarell in sich stimmig? Bei meiner Demonstration ist der Himmel recht dunkel aufgetrocknet, sodass für die Harmonie des Bildes eine Wiederholung der Dunkelheit im Wasser nötig war.



### Wann ist ein Bild fertig?

Das Bild ist meist fertig, wenn du zu zögern beginnst, ob du diesen oder jenen Strich noch machen solltest. Wenn du dir nicht sicher bist, dann lege das Bild erst einmal zur Seite. Jeder von uns hat eine eingebaute „Betriebsblindheit“, die einsetzt, wenn wir längere Zeit vor einem Bild verbringen. Oft wird das Werk ganz anders, als wir es ursprünglich im Kopf hatten (oder auf der Tonwertskizze), und wir sind darüber enttäuscht. Aber nur, weil es anders geworden ist, bedeutet ja noch lange nicht, dass es nicht gut geworden ist.
Nach ein paar Tagen Abstand siehst du dein eigenes Bild wieder mit ganz anderen Augen, mit einer Art „frischem Blick“, und kannst es dann auch viel besser beurteilen.

# Nordseespaziergang

**Du brauchst:**

Aquarellpapier Arches Feinkorn, 300 g/m²

Aquarellfarben in
- Französisch Ultramarin
- Neutraltinte
- Siena natur
- Quinacridongold

Malspachtel

Pinsel s. S. 8

Um die Weite eines Strandes zu erfassen, braucht der Betrachter eine Bezugsgröße. In diesem Fall ist das der Spaziergänger mit Hund. Jeder weiß, wie groß eine Person ist, und stellt alle anderen Dinge dazu in Relation. Wellen können 50 Zentimeter oder 10 Meter hoch sein, ein Mensch aber hat immer ungefähr die gleiche Größe. Die Figur hier im Bild bestimmt also die vom Betrachter wahrgenommene Höhe der Wellen und der Dünen und bildet gleichzeitig den Fokuspunkt. Die Schatten der beiden bringen die Sonne ins Bild.

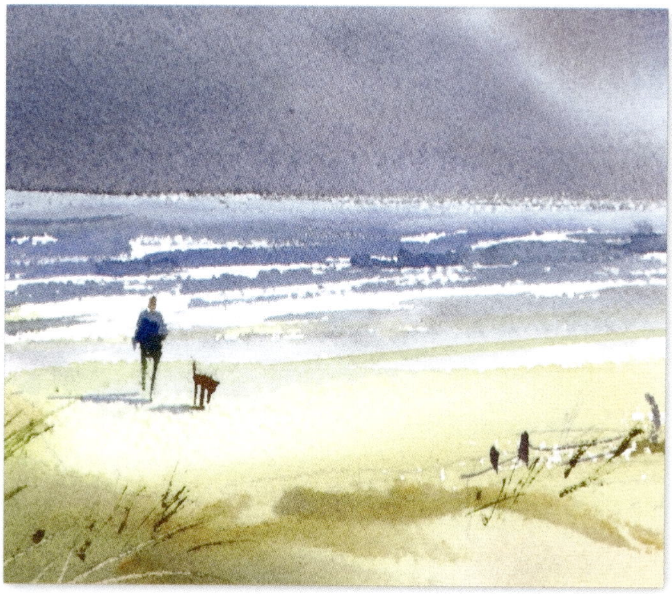

**Ausschnitt 1**
Die Wellen sind hier das Weiß des Papiers und mit Trockenstruktur gemalt. Sie folgen den perspektivischen Fluchtlinien zum Fluchtpunkt rechts am Horizont (siehe dazu auch S. 36, Carmel Beach). Das Meer spiegelt die Farbe des Himmels wider. Der Strand geht fast fließend ins Wasser über.

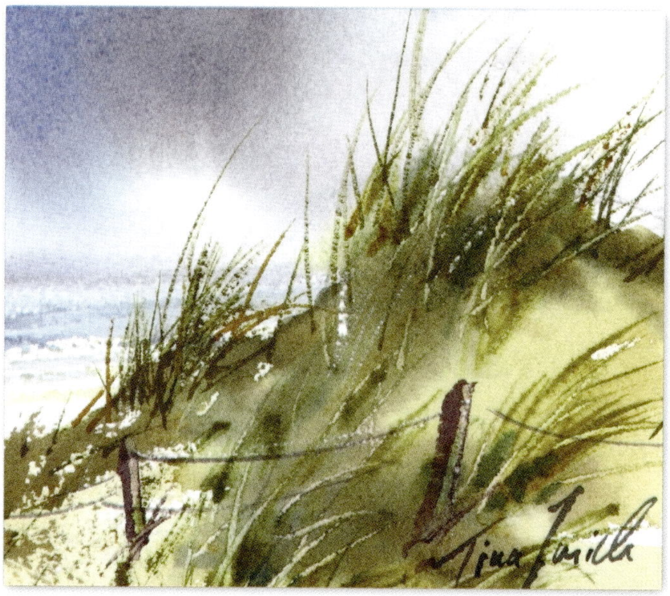

**Ausschnitt 2**
Rechts bei den Dünengräsern verschmilzt das Meer mit dem Himmel und der Horizont verliert sich. Somit ist beim Malen der Gräser keine störende Kante im Hintergrund und es wird eine bessere optische Tiefe erreicht. Das Grün ist mit Französisch Ultramarin aus Himmel und Meer und Quinacridongold gemalt.

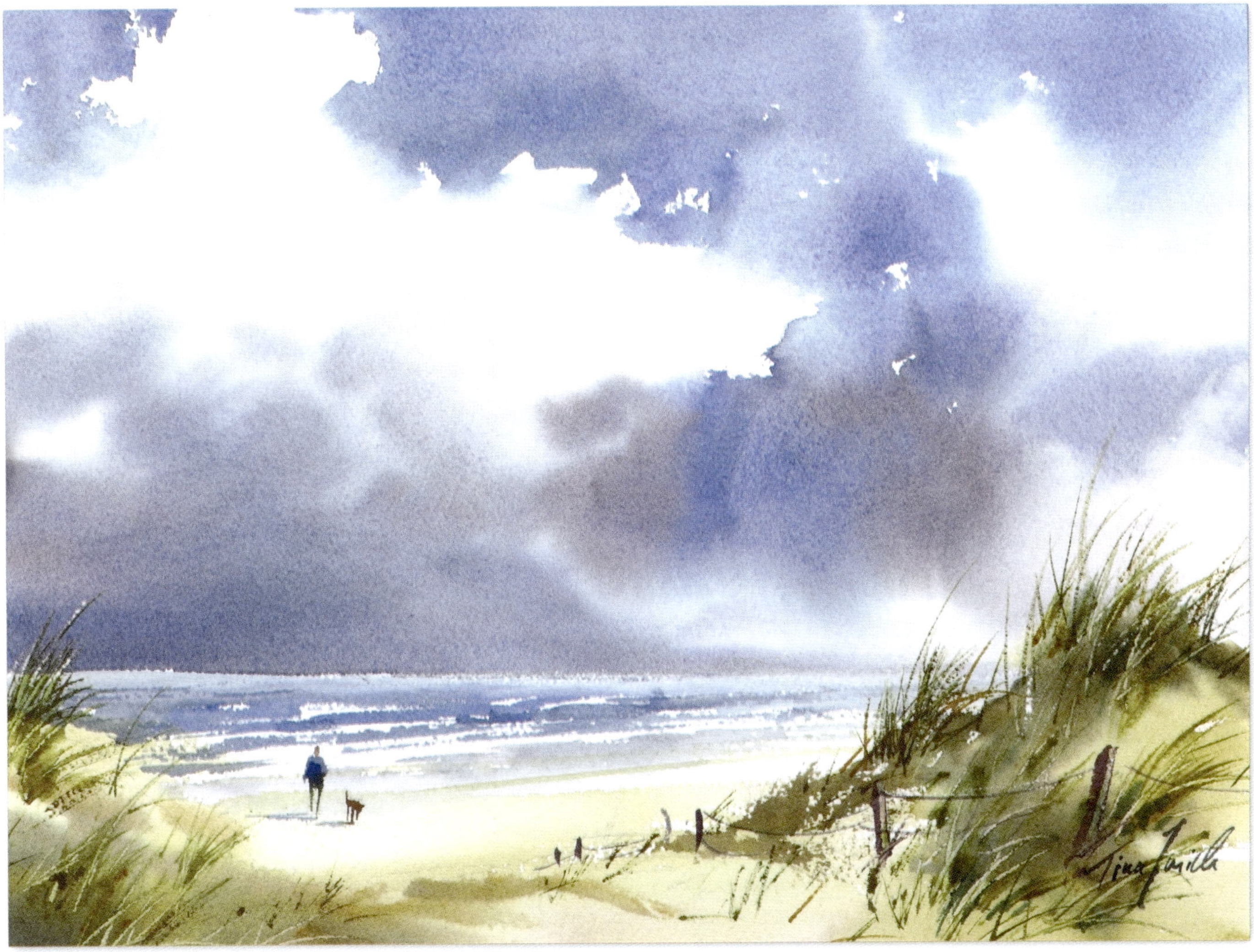



### Vorgehensweise

Der Himmel wurde nur partiell und bis zum Horizont angefeuchtet, damit die oberen Ränder der Quellwolken nicht verlaufen und es eine Wiederholung der harten Kanten des Vordergrundes gibt. Die Farben des Himmels, Französisch Ultramarin und Neutraltinte, wiederholen sich im Meer. Um die raue Struktur der kleinen Wellen zu erhalten, wird der Pinsel parallel und mit flottem Schwung über das Papier gezogen.
Der Vordergrund wurde ebenfalls angefeuchtet, um die weichen Verläufe des Himmels zu wiederholen. Die Grasbüschel wurden teils in das feuchte Papier gesetzt, teils auf trockenem Papier gemalt. Erwischt man den richtigen Moment, helle Gräser mit der Malspachtel herauszukratzen, belebt es die Büschel noch mehr.
Der kleine Dünenschutz-Zaun führt uns hinunter zum Strand und zu den beiden Spaziergängern. Ich hatte über Möwen nachgedacht, aber sie haben nicht den Weg in dieses Bild gefunden.

# Carmel Beach

**Du brauchst:**

Aquarellpapier Arches Feinkorn, 300 g/m²

Aquarellfarben in
- Preußischblau
- Kadmiumgelb
- Alizarin-Karmesin

Malspachtel

Sprühflasche mit Wasser

Cuttermesser

Pinsel s. S. 8

Auf dem Foto ist die Sonne gerade untergegangen. Himmel, Wasser und Strand haben einen Rosastich, der Eindruck ist schon fast monochrom.
Du siehst: Auch hier im Foto findet sich die Farbe des Himmels am Strand sowie im Wasser wieder. Sicherlich wäre es auch interessant, die Farben so zu übernehmen, wie auf dem Foto, aber warum nicht etwas mehr Farbe ins Spiel bringen?
Überlege dir in deiner Tonwertskizze, wie groß die Felsen im Hintergrund rechts sein sollen und wo du die Steine im Vordergrund platzieren möchtest. Die Steine im Vordergrund bilden hier ein gutes Gegengewicht zu den entfernten Felsen rechts. Im Foto ist ja nur ein größerer zu sehen, es könnten aber auch ein paar Steine mehr herumliegen. Die Häuser auf den Felsen in der Distanz sind nicht wirklich wichtig, und es muss auch nicht jeder Baum gemalt werden. Weniger ist meist mehr. Achte auf die Anordnung der Steine, um den Blick des Betrachters in der Komposition zu halten und nicht unbewusst aus einer Ecke hinauszuleiten.



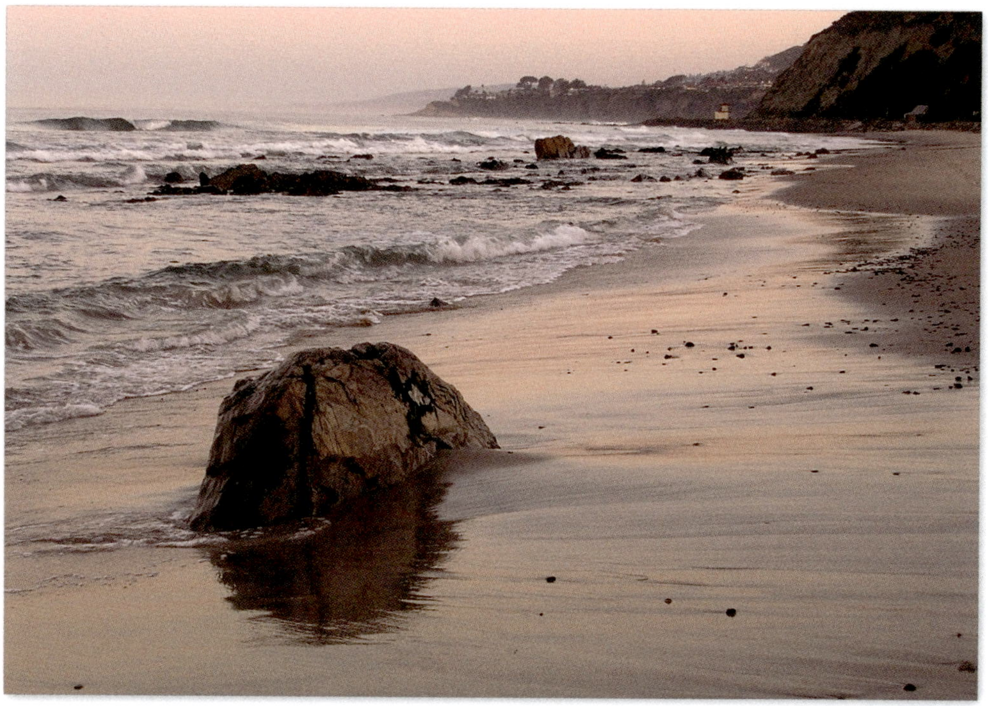

**Motiv-Vorlage**
Obwohl ich sonst meist die Farbe des Himmels im Wasser widerspiegeln lasse, habe ich bei diesem Bild meine Regeln gebrochen und die warme Farbe des Himmels statt im Wasser im Strand wiederholt. Wichtig ist hier, dass es eine Farbwiederholung in der Komposition gibt, das Wo ist dabei variabel.

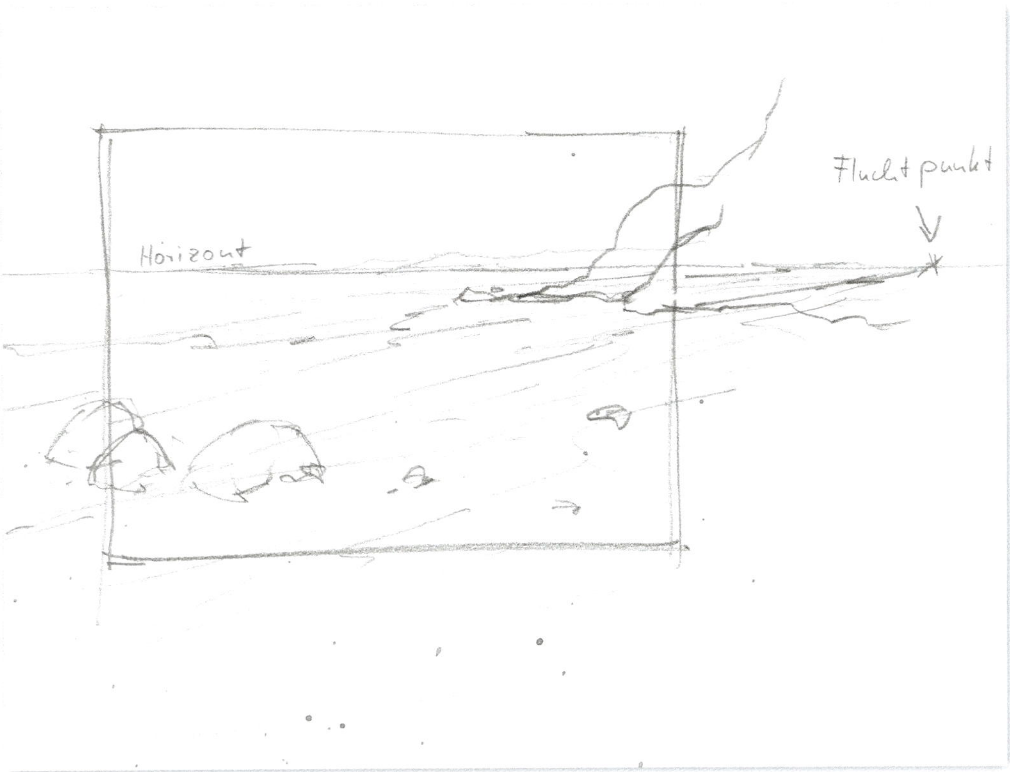


### 1. Schritt

Wenn man nicht geradeaus auf das Meer sieht, sondern zu einer Seite, laufen die Wellen auf Fluchtlinien zu einem Fluchtpunkt auf dem Horizont zusammen. Da die Wellen in Bewegung sind, nehmen viele dies oft nicht bewusst wahr. Je weiter die Wellen nach vorne kommen, desto breiter wird der Abstand zwischen den Wellen. Und natürlich erscheinen sie uns vorne größer als hinten, obwohl sie in Wirklichkeit gleich groß sind. Sehr oft liegt der Fluchtpunkt außerhalb unseres gewählten Bildausschnittes.

### 2. Schritt

Feuchte das Aquarellpapier im Himmel und etwas weiter unter dem Horizont an. Beginne oberhalb des Horizontes mit einer dünnen Lavur mit Kadmiumgelb und stufe die Farbe nach oben hin mit Alizarin-Karmesin ab. Richtung Wasser kommt nun Preußischblau hinzu. Dann mehr Blau dazugeben und im jetzt trockenen Bereich des Papiers die Wellen mit Trockenstruktur malen. Beachte dabei die Fluchtlinien der Wellen. Lasse die Farbigkeit nach vorne zum Strand hin mit klarem Wasser auslaufen.

### 3. Schritt

Feuchte als Nächstes den unteren Teil des Bildes an. Mische dann Kadmiumgelb und Alizarin-Karmesin direkt auf dem Papier. Bevor das Papier seinen Glanz verliert, sprühe mit der Sprühflasche in die noch feuchte Fläche. Um jeden kleinen Wassertropfen bildet sich nun ein kleiner Rücklauf, was dem Strand eine sandige Struktur verleiht.
An dieser Stelle sind auch gut ein paar dunkle Spritzer einzusetzen. Folge deiner Intuition und habe Freude am Experimentieren!

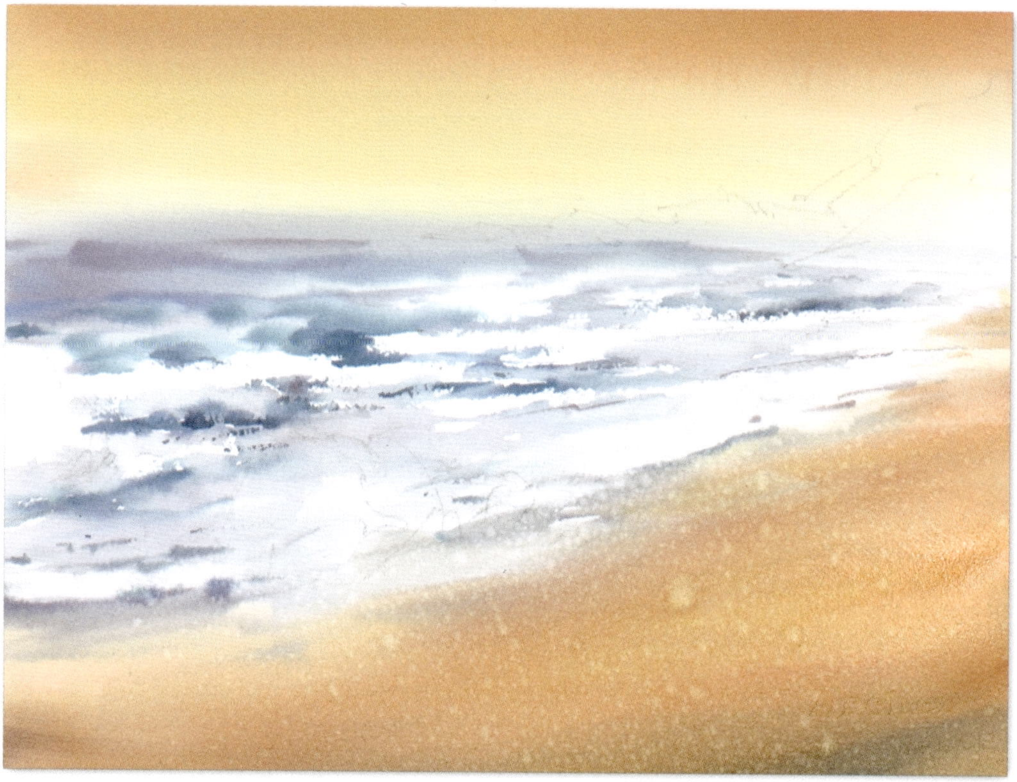



### 4. Schritt

Male zuerst die weiter entfernten Berge im Dunst mit derselben Farbe wie das Wasser und löse die untere Kante mit klarem Wasser auf.
Sind die Berge trocken, folgen die größeren Steine rechts. Mit den drei Grundfarben Gelb, Rot und Blau kannst du unzählige Farbnuancen mischen, um die Steine und Büsche interessant zu gestalten. Nimm für die Steine im Vordergrund mehr Blau oder Rot dazu und weniger Gelb. Mit der Malspachtel ein paar Helligkeiten einkratzen.

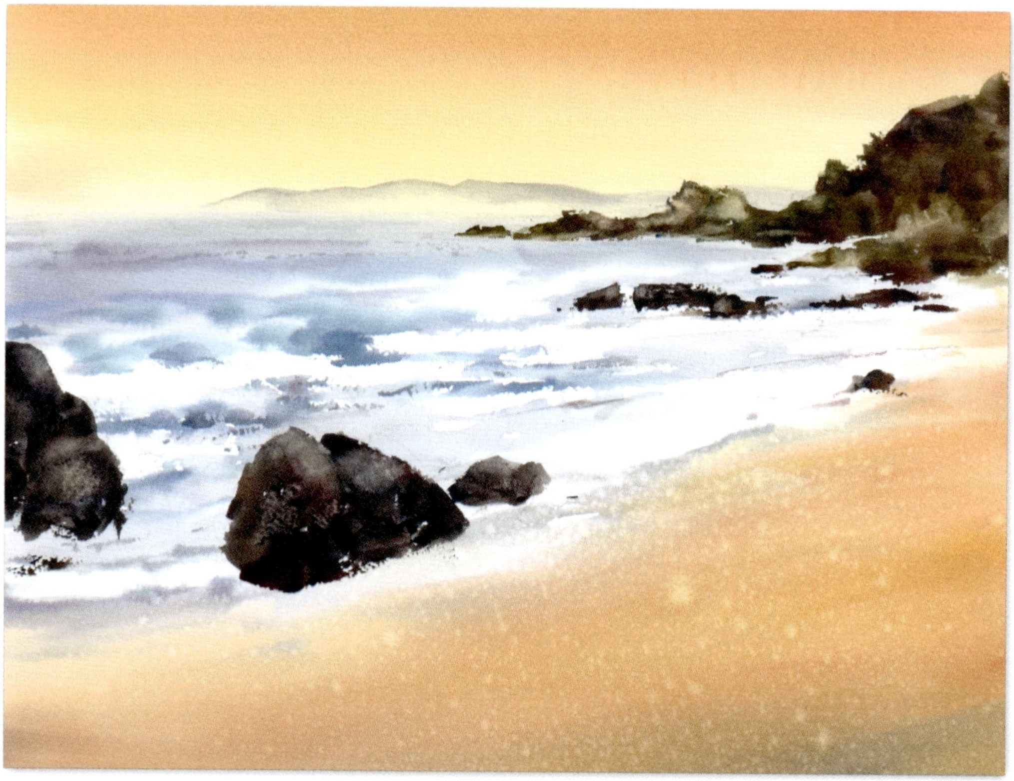

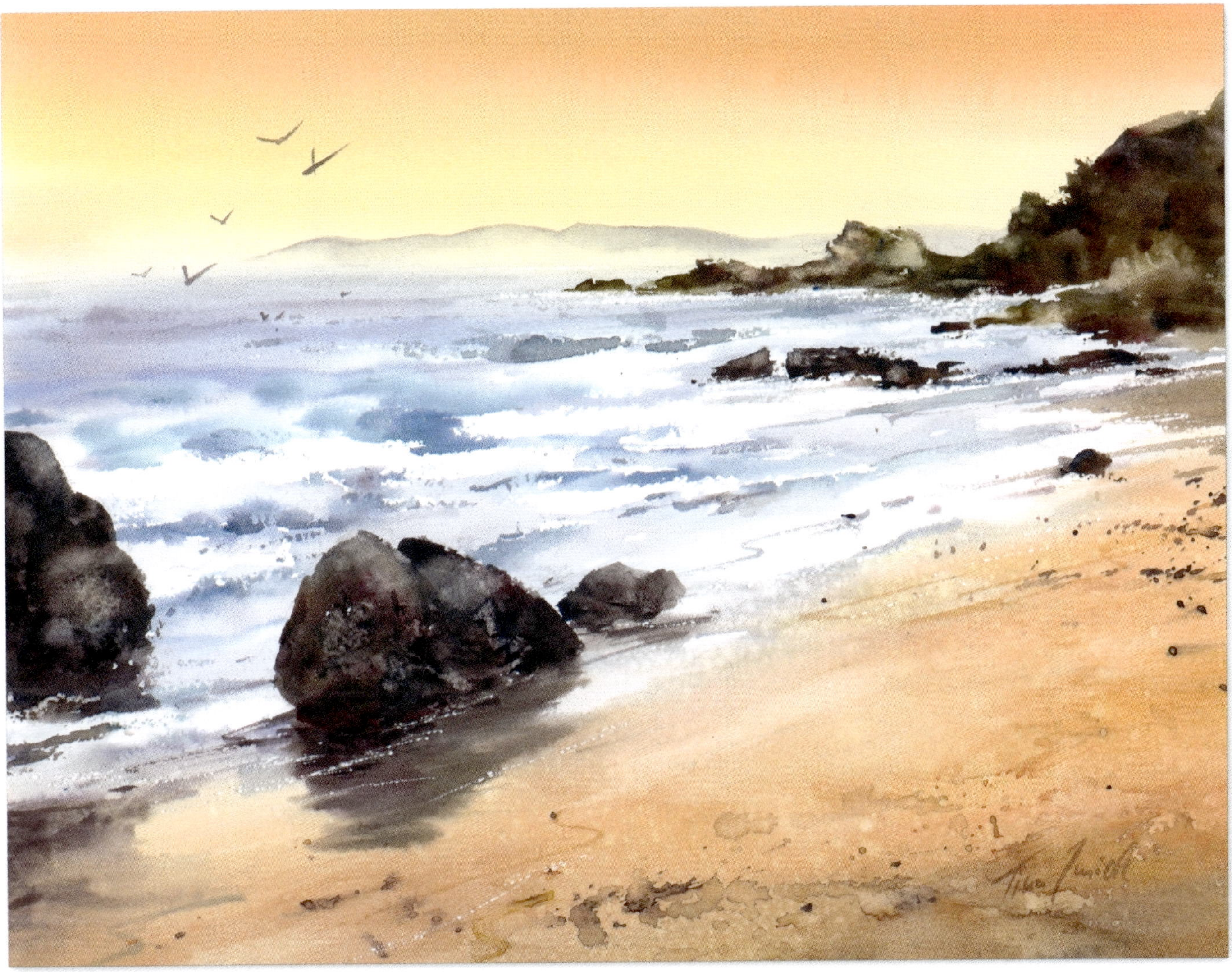



**Fertiges Bild**

Möchtest du, dass sich deine Steine auf dem feuchten Sand spiegeln, feuchte die Fläche mit etwas klarem Wasser an und male dann deine Steine mit pastoser Farbe hinein.

Braucht dein Strand noch mehr Struktur, spritze einige kleine Steine auf die Fläche. Den oberen Teil des Bildes sicherheitshalber vorher abdecken!

Setze hier und da eine Dunkelheit mit dem Schlepper unter eine Welle und male zwei, drei Wellenlinien an den Strand. Kratze eventuell ein paar Highlights mit dem Cuttermesser in das trockene Papier.

Wenn du dich für Möwen entscheidest, platziere sie an einer interessanten Stelle. Die Mitte des Bildes oder der Bildrand sind hierbei zu vermeiden. Jede Möwe sollte ihren eigenen Pinselstrich haben und keiner anderen gleichen. So in der Ferne sind sie recht einfach mit dem Schlepper und einem Häkchen zum Leben erweckt.

# Leuchtturm Bremerhaven

**Du brauchst:**

Aquarellpapier Arches Feinkorn, 300 g/m²

Aquarellfarben in
- Preußischblau
- Siena gebrannt
- Kadmiumrot

Malspachtel

Pinsel s. S. 8

Ich bin in Bremerhaven geboren, und es zieht mich immer gleich zum Hafen, wenn ich dort zu Besuch bin. Das Leuchtfeuer steht an der Geeste-Mündung und führt die Boote sicher in den Fischereihafen. So stürmisch wie bei meiner Demonstration habe ich das Wasser dort noch nicht erlebt, aber in der Fantasie ist alles möglich!



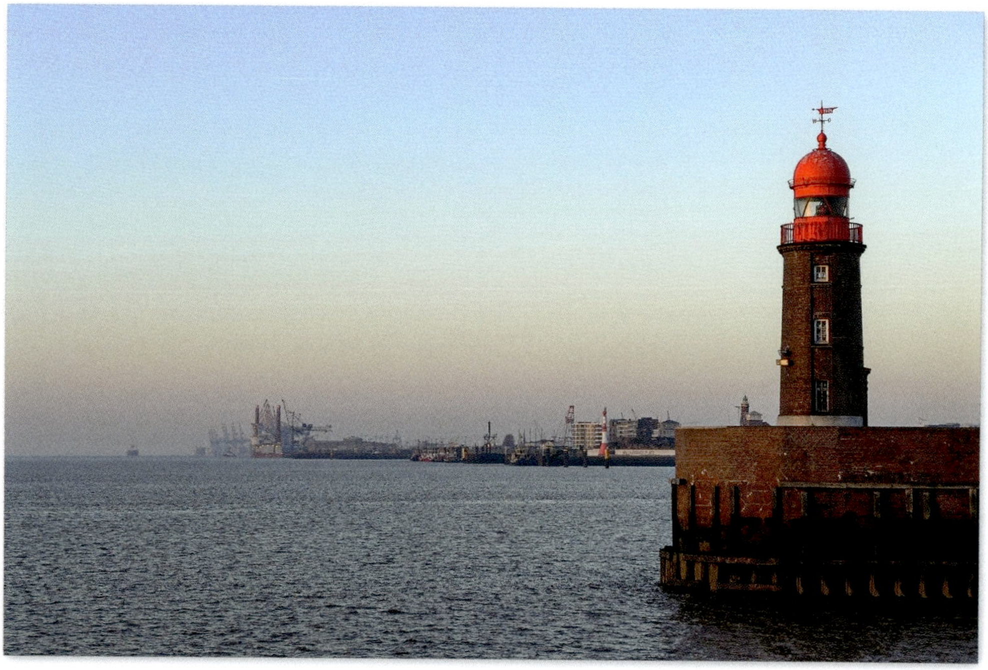

**Motiv-Vorlage**

Die Fotovorlage ist im Querformat und so war auch meine erste Tonwertskizze. Die zweite Skizze im Hochformat fand ich dramatischer. Ohne viel Drumherum fokussiert sie sich mehr auf den Turm. Meist passt die erste Skizze, doch oft mache ich noch eine zweite oder dritte, um weitere kompositorische Möglichkeiten auszuprobieren.

**Tipp:** Sei kreativ, die Fotovorlage soll dir als **Inspiration** dienen und deine Fantasie anregen. Überlege dir, warum dich das Motiv anspricht. Male eher deine Emotion dazu, anstatt das Bild ohne Überlegung zu kopieren. Ein Fotograf kann die Realität nicht beeinflussen, wir Maler schon. Löse dich von der Realität, ändere das Format, die Farben, das Licht oder lasse es schneien, wenn dir danach ist.

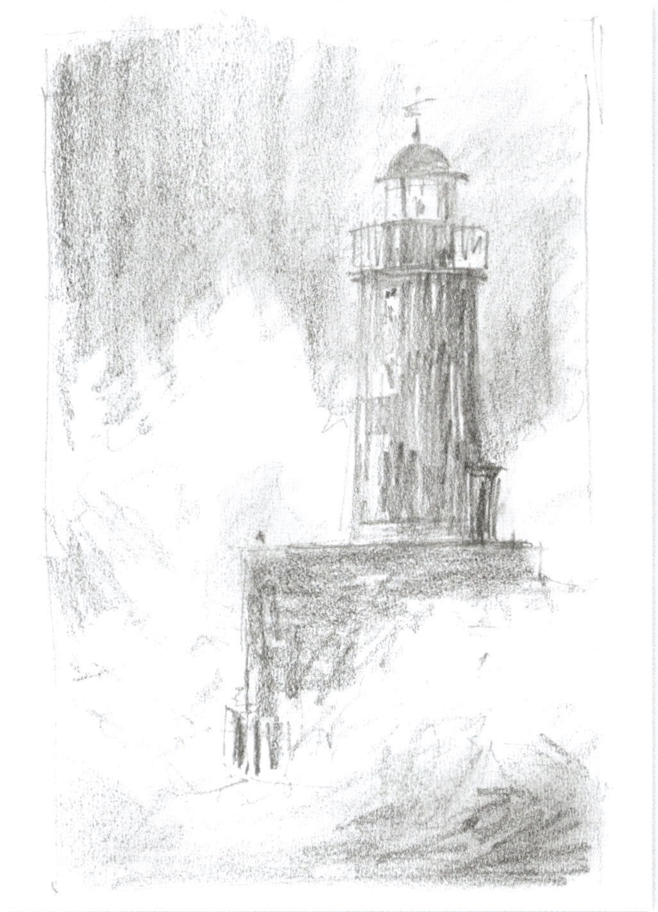

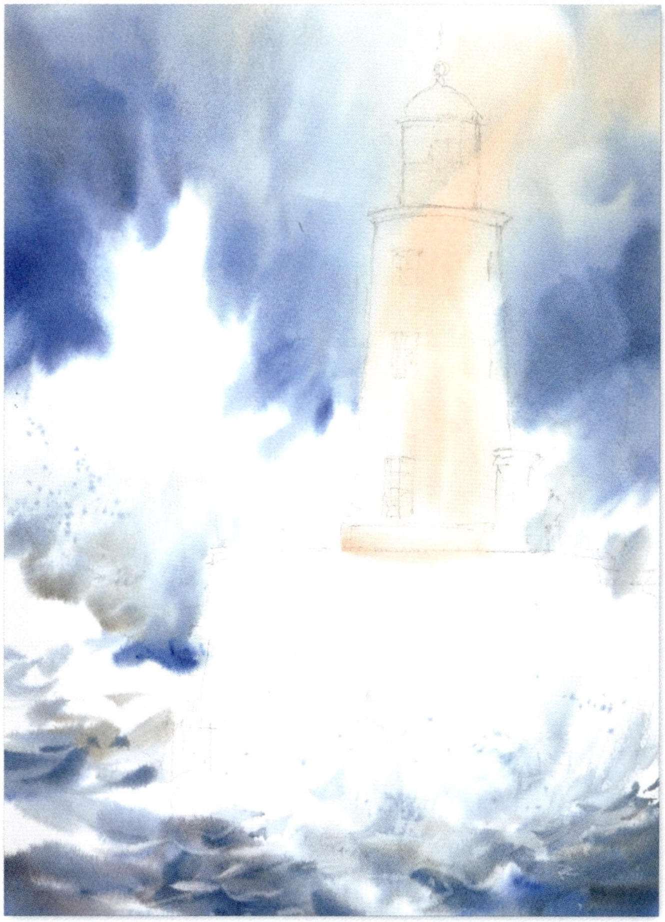



### 1. Schritt

Mit der Zeichnung machst du dich mit dem Motiv vertraut. Tonwertskizzen sind eine Art Bewusstwerdung. Wie hoch spritzt die Gischt? Wie dunkel musst du mit der Mauer werden, damit die Gischt gut zu sehen ist? Ist die Bildfläche spannend aufgeteilt? Ist das Leuchtfeuer in der Mitte des Turms? Platziere ihn nach der ⅓-zu-⅔-Regel im Bild, nicht in der langweiligen Mitte. Trotz des Sturmes sollte der Leuchtturm geradestehen und nicht eine Seite steiler oder flacher sein als die andere. Man blickt zum Turm auf, das heißt, die Rundung wölbt sich nach oben. Auch ein wenig Perspektive muss sein und die sollte dir vertraut sein, bevor du den Turm auf dein Aquarellpapier überträgst.

### 2. Schritt

Nun ist es wieder ganz wichtig, dass deine Farben für dieses Bild weich und verarbeitungsfähig sind. Auf dem feuchten Papier ist sehr pastose Farbe nötig, damit nicht alles ineinanderläuft. Feuchte dein Papier gut und gleichmäßig an, besonders die Ränder trocknen am schnellsten. Lege zunächst etwas Siena gebrannt über den Leuchtturm und ein Stück des Himmels. Nimm dann Preußischblau dazu. Mit pastoser Farbe male nun den Himmel um die Gischt herum und die Wellen unten ins Wasser. Der Pinsel sollte fast trocken sein, er nimmt hier das Wasser vom feuchten Papier auf. Es braucht etwas Erfahrung, um das richtige Nass-Trocken-Verhältnis zu erreichen. Also bitte nicht gleich aufgeben und öfters probieren!

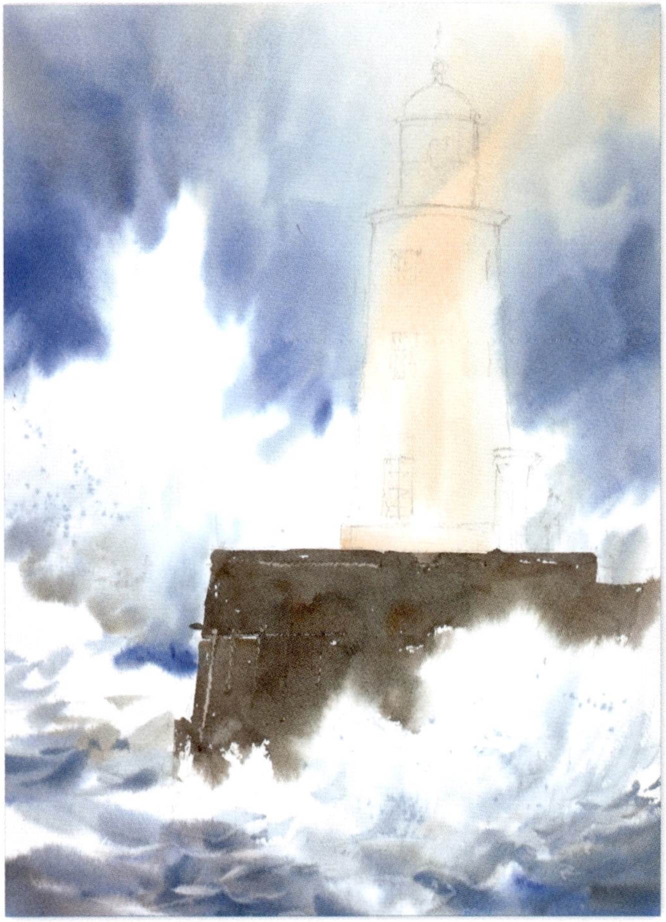

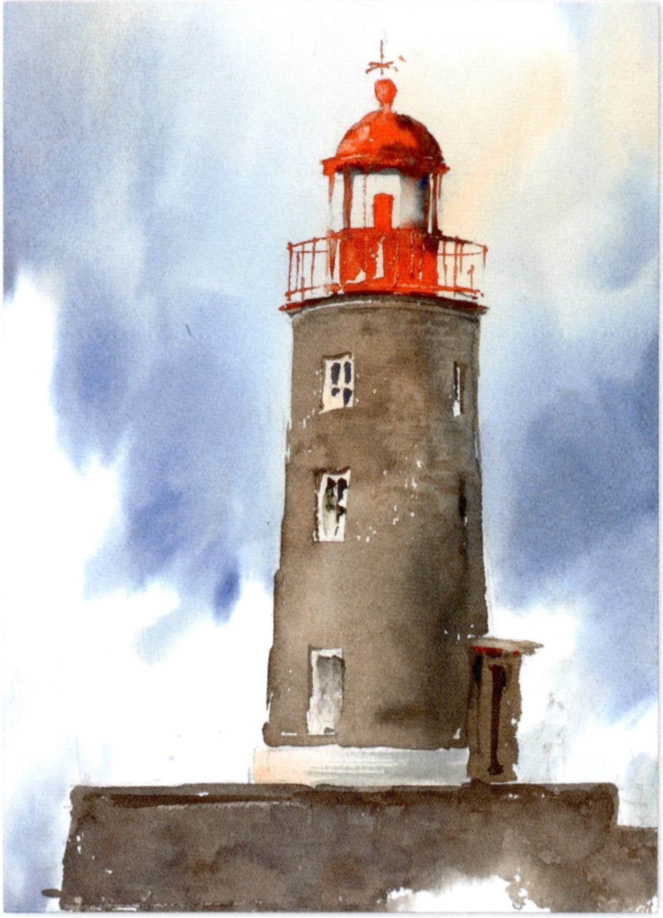



**3. Schritt**

Warte jetzt, bis das Papier getrocknet ist. Die Steinmauer braucht oben eine scharfe Kante, um gegen die Gischt im Hintergrund zu bestehen. Das Braun ist eine Mischung aus Siena gebrannt mit Preußischblau. Bevor du die Farbe auf die Mauer legst, feuchte den unteren Teil mit klarem Wasser an. Beginne oben mit der Mauer und ziehe die Farbe dann nach unten zum Wasser.

Jetzt malst du zwei Dinge gleichzeitig: die Mauer und die negative Form der Gischt im unteren Bereich. Arbeite nicht zu feucht, sonst läuft dir die Mauer buchstäblich davon. Wenn möglich, noch ein paar Kratzer mit der Malspachtel setzen, um die Stützbalken an der Mauer anzudeuten. Es ist nicht schlimm, wenn die Farbe schon zu trocken ist.

**4. Schritt**

Die Mauerfarbe wiederholt sich im Leuchtturm. Der helle Rand unten lockert die Form auf. Male die Fenster nicht so genau, jedes sollte etwas anders aussehen, damit das Bild interessant bleibt. Und Vorsicht: Die Fenster folgen der Rundung des Turms.

Verwende für das Leuchtfeuer und die Reling Kadmiumrot. Male auch hier die Stäbe an der Reling nicht so genau und habe Mut zur Lücke. Füge eventuell noch Kratzer mit der Malspachtel hinzu.

Ziehe für die Tiefe einen Strich Preußischblau unter die Kuppel. Genau in der Mitte des Turms sitzen obendrauf die Kugel und der Windmesser. Jetzt noch die Tür anbringen, damit man deinen Leuchtturm auch besuchen kann.

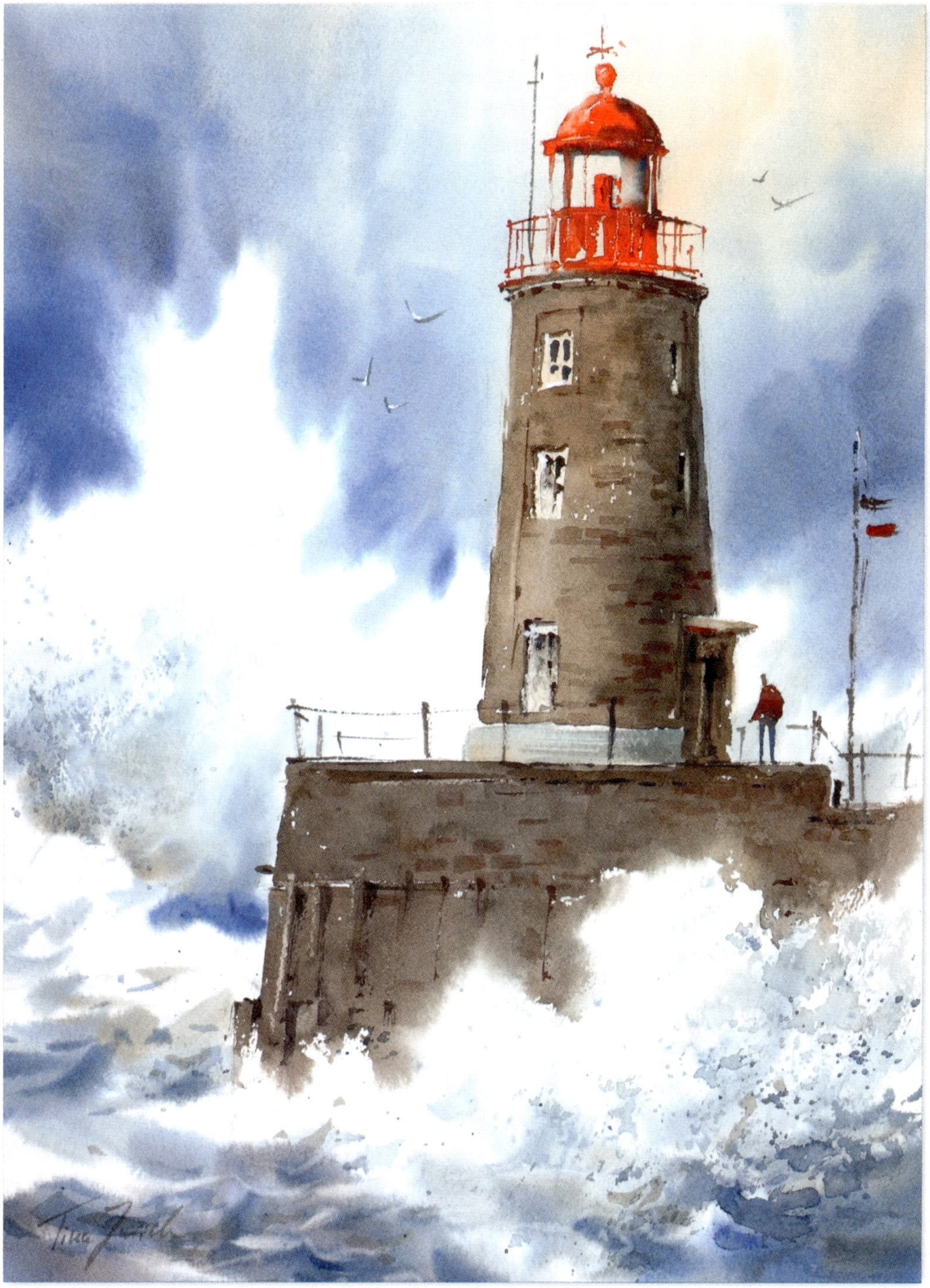


**Fertiges Bild**

Zeit für die Details. Prüfe, ob dein Wasser noch mehr Struktur braucht, noch eine kleine Welle hier und da oder ein paar Spritzer vielleicht? Ein oder mehrere Besucher bieten sich an, um mit ihrer Kleidung das Rot des Leuchtfeuers zu wiederholen. Du könntest auch ein Schild aufstellen, einen Rettungsring an den Zaun hängen oder am Mast Fahnen in der gewünschten Farbe aufhängen. Die roten Mauersteine sind typisch für Norddeutschland.
Auch hier gilt wieder: nur andeuten und nicht jeden einzelnen Stein malen. Die Steine folgen der Rundung des Leuchtturms in der Perspektive.
Falls es mit dem Kratzen der Stützbalken an der Mauer in Schritt 2 nicht geklappt hat, kannst du diese nun mit dunkler Farbe einziehen. Eine Reling um die Mauer gibt Sicherheit, und die Möwen dürfen natürlich auch nicht fehlen.



*Es ist nicht das Thema, das Leben zu malen, sondern das Thema ist, dem Bild Leben zu geben.*

Pierre Bonnard

# Brechende Welle

**Du brauchst:**

Aquarellpapier Arches Feinkorn, 300 $g/m^2$

Aquarellfarben in
- Preußischblau
- Coelinblau
- Siena gebrannt
- Alizarin-Karmesin

Pinsel s. S. 8

evtl. Titanweiß

evtl. Cuttermesser

Es ist gar nicht so einfach, eine Welle im richtigen Moment zu fotografieren. Fotografen warten oft stundenlang auf das perfekte Foto. Wir können für uns das Motiv so verändern, wie wir es für die Komposition brauchen.
Es ist schön, direkt am Meer mit der frischen Brise um die Nase und dem Rauschen der Wellen in den Ohren zu malen, doch gibt es ein Problem: Die Wellen sind ständig in Bewegung und halten einfach nicht still. Da sind Fotos sehr wertvoll, um die Formen und die Strukturen der Wellen zu studieren. Ein Verständnis von dem Objekt, das man malen will, ist unerlässlich, um es auch für den Betrachter verständlich darzustellen.



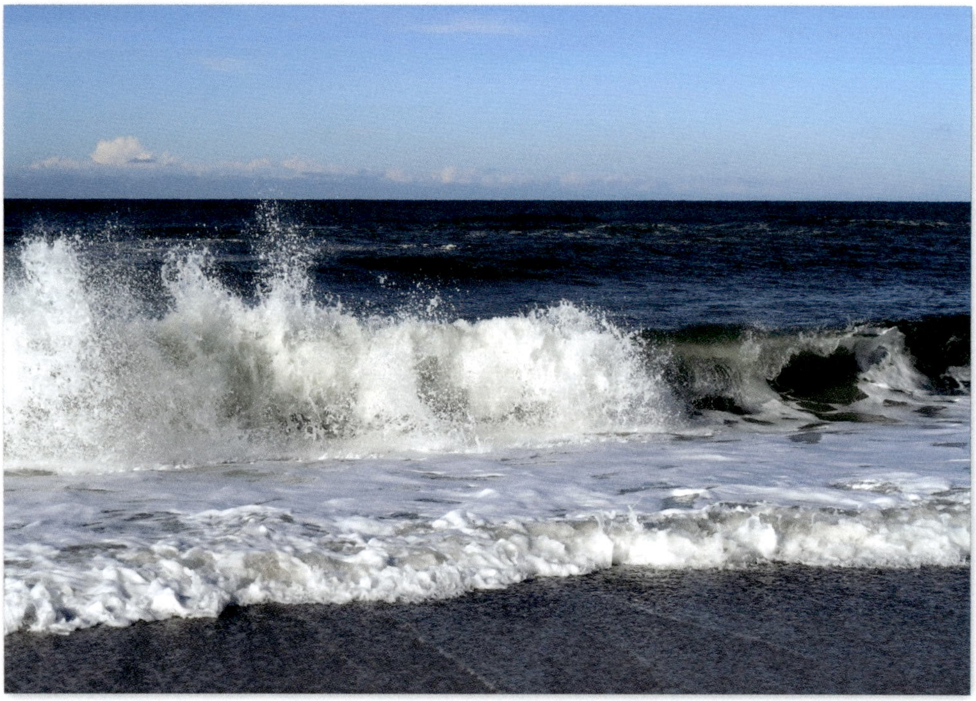

**Motiv-Vorlage**
Hier sind die Form und die Struktur als Gestaltungselemente besonders wichtig: der Wechsel von weichen und harten Rändern der Wellen und die weiße Gischt, die als negative Form stehen bleiben muss. Wenn eine einzige Welle der Star der Show ist, muss diese besonders interessant gestaltet werden.

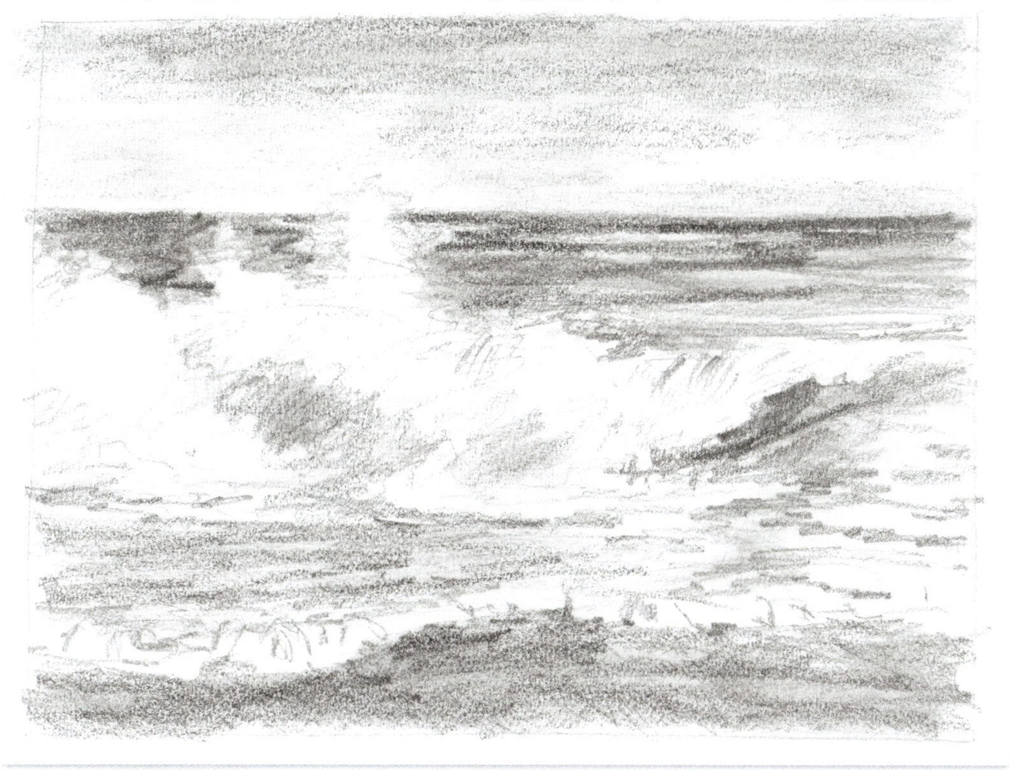

### 1. Schritt

Plane sorgfältig, wo die Welle am höchsten ist. Die Welle sollte nicht in der Mitte des Bildes in den Horizont ragen. Spritzt die Gischt an mehreren Stellen nach oben, variiere den Abstand dazwischen. Das Meer dahinter muss dunkel genug werden, um die Gischt in Szene zu setzen. Wie dunkel dürfen die Schatten sein, damit die Welle nicht zu schwer wirkt? Sieht man noch etwas vom nassen Strand? Je mehr Probleme du bereits in der Tonwertskizze löst, desto leichter malt es sich dann im Aquarell.

### 2. Schritt

Bevor du beginnst, müssen deine Farben weich und gebrauchsfertig sein, am besten direkt aus der Tube gedrückt. Erst wenn alles vorbereitet ist, geht es los. Feuchte das komplette Papier gut an. Beginne mit den Blautönen im Himmel und spare die Gischt aus. Lege beide Blautöne auch in die Schattenflächen der Wellen und in das zurücklaufende Wasser. Nimm dann etwas Alizarin-Karmesin hinzu, um die Blautöne aufzubrechen. Der Pinsel ist dabei immer trockener als das Papier.

### 3. Schritt

Wenn Schritt 2 getrocknet ist, male das dunklere Meer hinter die Gischt. Löse dabei hier und da den harten Rand zur Welle hin mit etwas klarem Wasser an, um die Formen zu verbinden. Bei der Welle rechts kannst du den Bogen der Welle oberhalb mit der Farbe beschreiben. Setze auch etwas Dunkelheit in die Tiefe der Welle, an die Stelle, wo sie sich überschlägt. Achte darauf, dass der Horizont gerade im Bild sitzt.

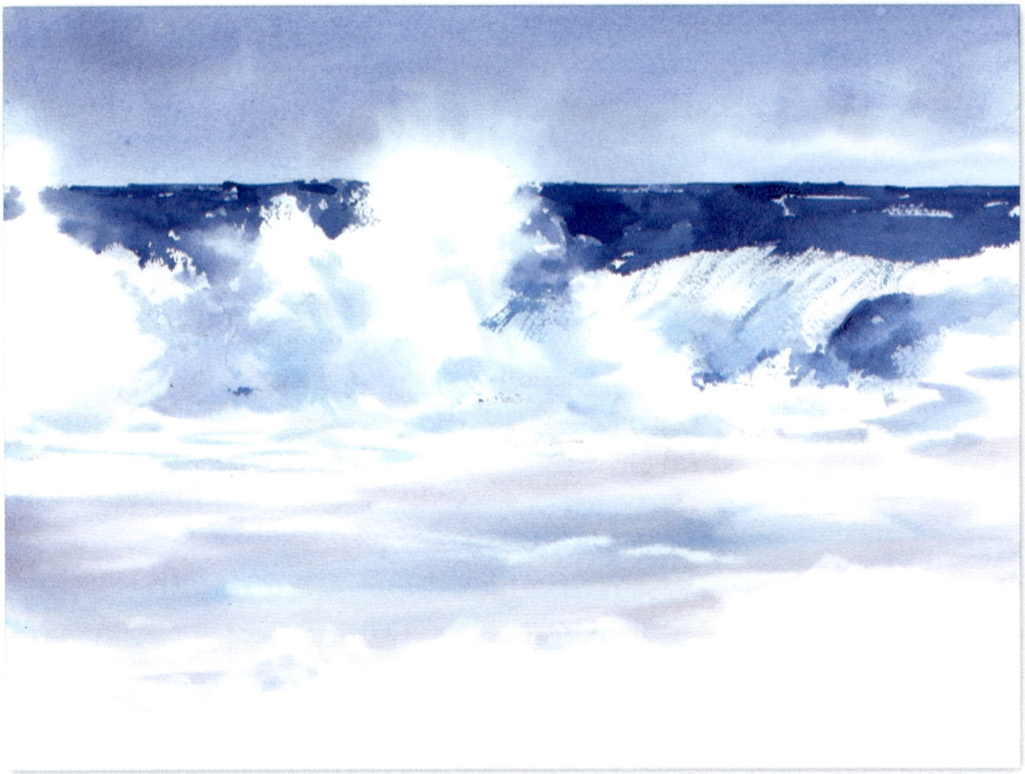



### 4. Schritt

Wie viel Detail nun noch im Schatten der Welle nötig ist, hängt davon ab, wie die Grundierung in Schritt 2 geworden ist. Lege an zwei, drei Stellen etwas Trockenstruktur an und löse bei Bedarf die Kontur mit klarem Wasser zu einer weichen Kante auf. Ein paar geschwungene Pinselstriche beschreiben die Bewegung des zurückfließenden Wassers. Die Gischt ganz vorne besteht aus vielen Mini-Wellen. Deute sie dort, wo sie auf den Strand treffen, mit etwas dunkler Trockenstruktur leicht an.

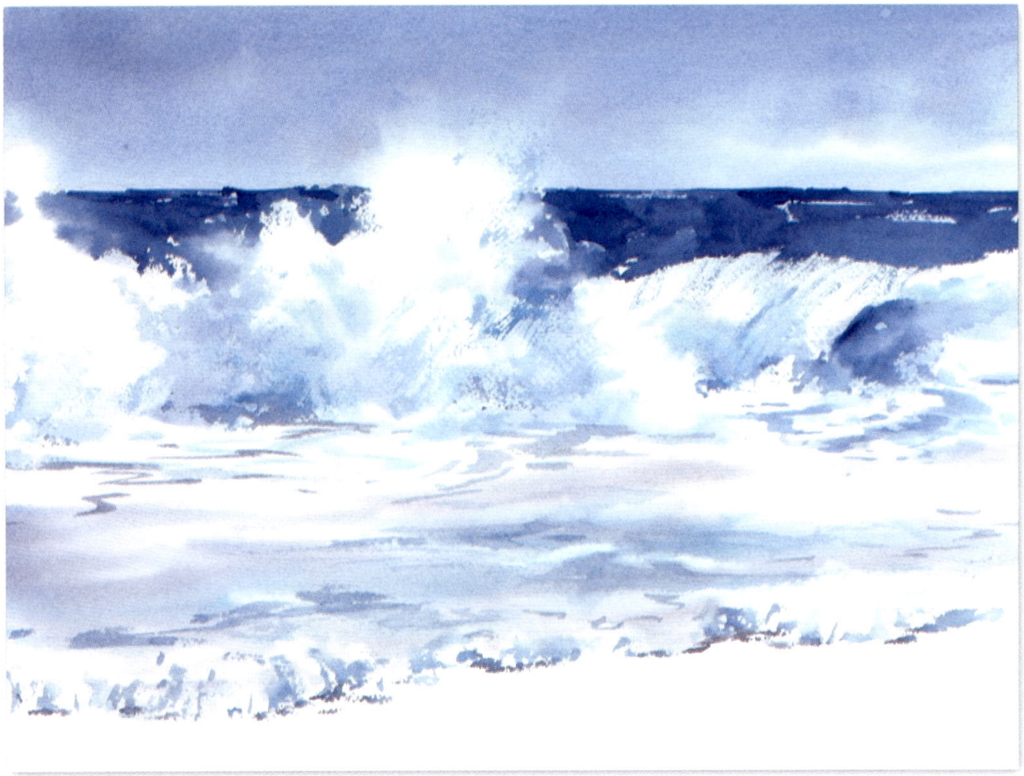

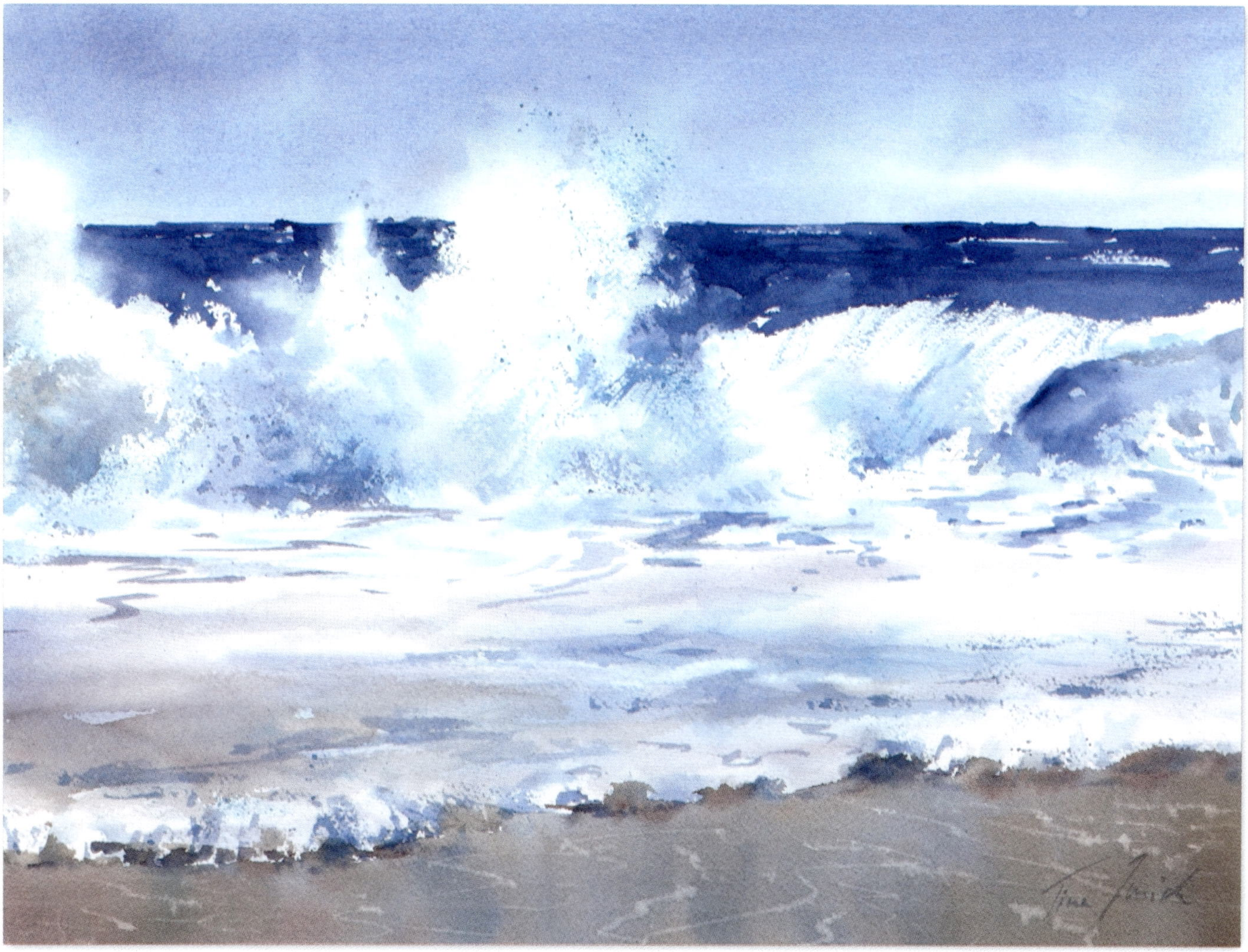



**Fertiges Bild**

Feuchte die Sandfläche im Vordergrund mit klarem Wasser an und lasse dann die beiden Blautöne, Alizarin-Karmesin und etwas Siena gebrannt auf dem feuchten Papier ineinanderlaufen. Wenn die Farbe noch ein wenig feucht ist, aber nicht mehr glänzt, nimm etwas sauberes Wasser in den Schlepperpinsel und ziehe einige Wellenlinien in die Fläche. Es gibt dann kleine Rückläufe, die wie Schaumlinien aussehen. Sollte das nicht wie gewünscht gelingen, trockne das Aquarellblatt vollständig und kratze die Linien mit dem Cuttermesser in die Fläche.

Vielleicht musst du für mehr Farbharmonie das Siena gebrannt auch noch etwas in der Wasserfläche wiederholen. Je nachdem, wie dir die Gischt gelungen ist, kannst du nun ein paar dunkle Spritzer hineinbringen oder eventuell mit Deckweiß nachhelfen, sollte das Wasser die Gischt „verschluckt" haben.

*Die Kunst ist voll von Unwahrheiten, um uns die Wahrheiten des Lebens aufzuzeigen.*

Künstlerweisheit

# Einzelne Welle

**Du brauchst:**

Aquarellpapier Arches Grob- oder Feinkorn, 300 g/m²

Aquarellfarben in
- Phthalogrün
- Preußischblau
- Siena natur
- Alizarin-Karmesin

Pinsel s. S. 8

Das Rauschen der Wellen ist eines der schönsten Geräusche, die ich kenne. Es ist leichter, etwas zu malen, wenn man dessen Anatomie versteht. Wenn die Wellen flacheres Wasser erreichen, brechen sie sich. Durch den Überschlag der Wassers entsteht ein Tunnel. Der Traum jedes Surfers ist, nicht nur auf einer riesigen Welle zu reiten, sondern auch durch ihren Tunnel zu surfen. In manchen Teilen der Erde gibt es gigantische Wellen mit einer Höhe von mehr als 20 Metern.

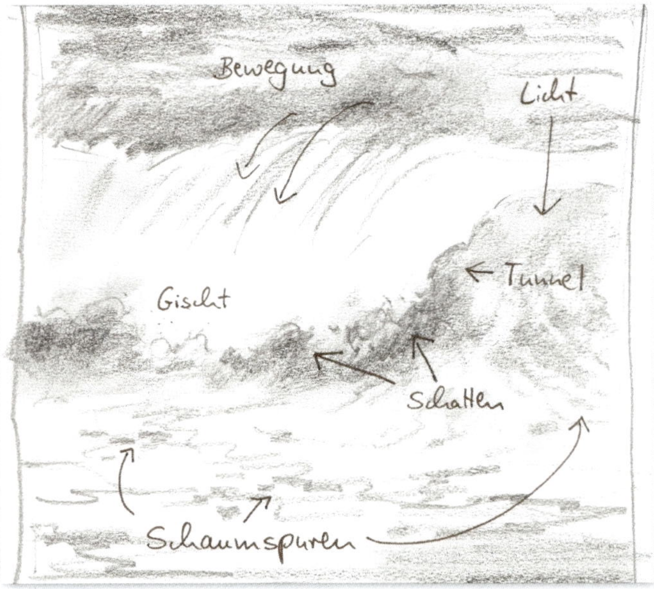


**Ausschnitt 1**
An der Stelle, an der sich die Welle bricht, ist sie am hellsten und wird nach unten hin dunkler. Unter der Gischt ist es am dunkelsten, da dort am wenigsten Licht hinfällt. Die Bewegung der Welle, bzw. ihre Rundung, kann man gut mit einigen Strichen Trockenstruktur andeuten. Schaumspuren gehen in alle Richtungen und entstehen aus der Gischt heraus.

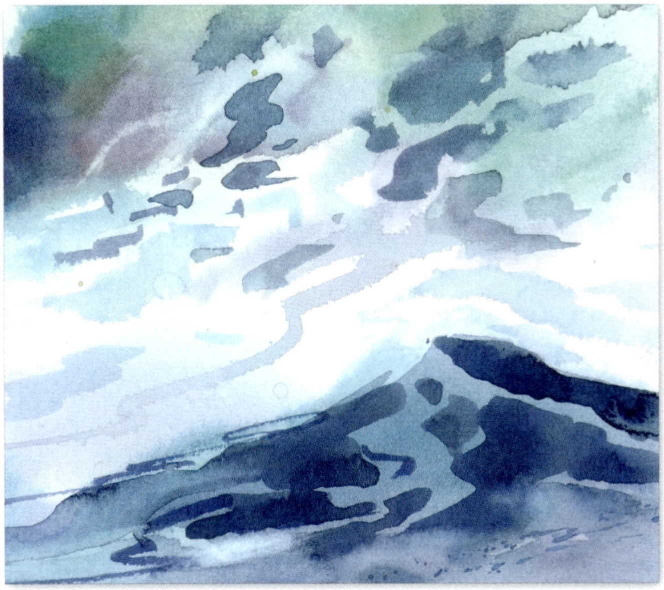

**Ausschnitt 2**
Die Schaumspuren haben es in sich und sind nicht so einfach zu malen. Bricht sich die Welle, sehen wir in den Tunnel hinein, und das Wasser bewegt sich von der vertikalen nach unten zur horizontalen Fläche. Man blickt zunächst auf die breiteren Flecken und Spuren, sieht sie immer flacher werden, bis sie auf der horizontalen Fläche nur noch Striche sind.

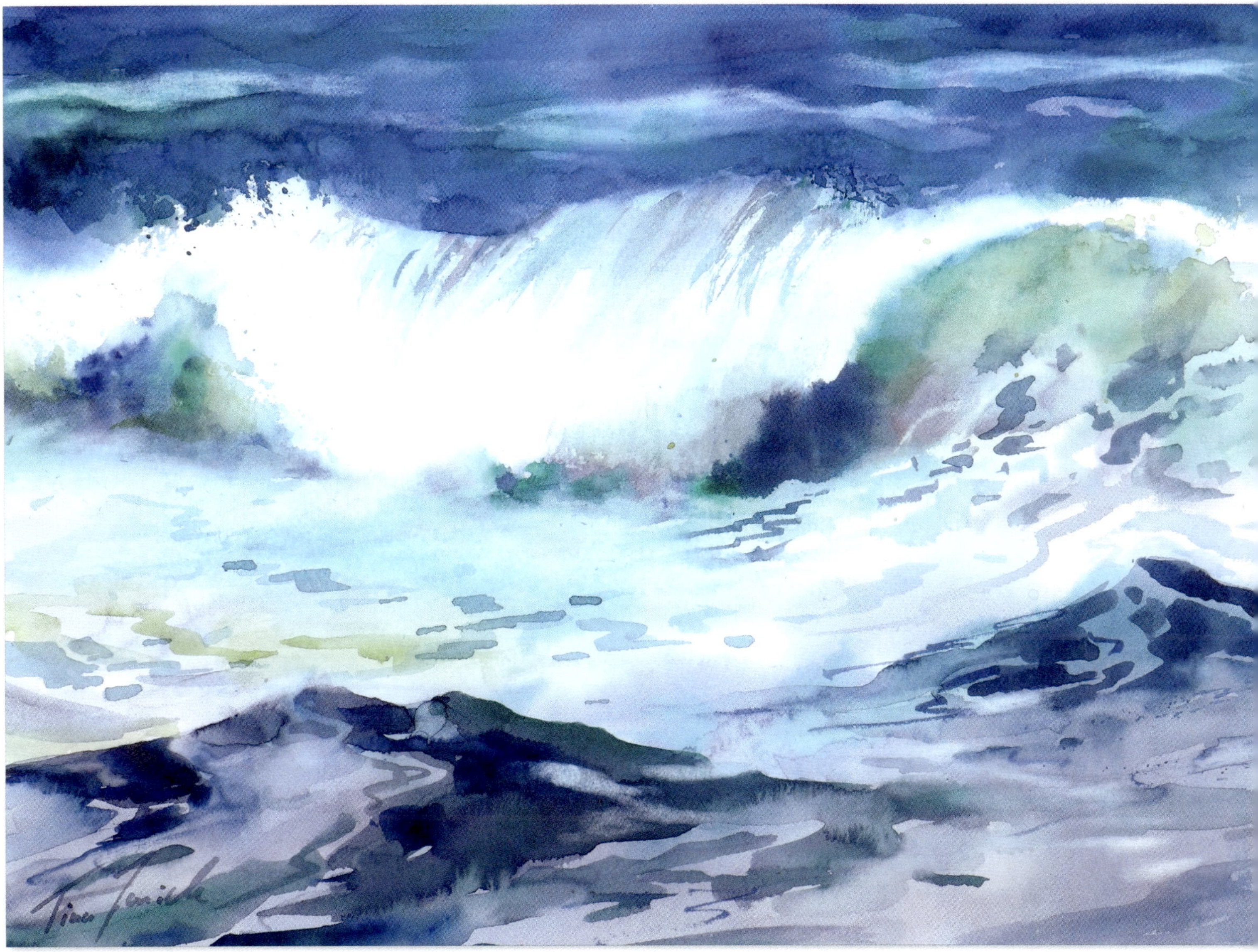

**Vorgehensweise**

Das Papier wurde komplett angefeuchtet, um zuerst die helleren Schatten im Vordergrund und links und rechts der Welle zu malen. Schon bei diesem Schritt waren alle vier Farben im Einsatz. Dann wurde eine dunklere Mischung aus Phthalogrün, Preußischblau und etwas Alizarin-Karmesin in das Meer hinter die Welle gelegt, um sie herauszuarbeiten.
Die gleiche Farbe wurde als Schatten unter die Welle gemalt. Diese Dunkelheit findet sich ebenfalls in den beiden vorderen Erhebungen im Wasser sowie in den Flecken zwischen den Schaumspuren wieder. An der Stelle der Welle mit dem meisten Licht überwiegt Siena natur. Achte darauf, harte und weiche Ränder abzuwechseln. Die Welle sollte irgendwo einen fließenden Übergang in den Vordergrund haben, damit sie nicht „ausgeschnitten" wirkt.
Hinten wurden zum Schluss die entfernten Schaumkronen mit dem Borstenpinsel herausgewaschen. Zu hart gewordene Kanten kann man ebenfalls mit dem Borstenpinsel und leichten, kreisenden Bewegungen auflösen.

# Wo beißen sie am besten?

**Du brauchst:**

Aquarellpapier Arches Grob- oder Feinkorn, 300 g/m$^2$

Aquarellfarben in
- Coelinblau
- Französisch Ultramarin
- Siena gebrannt
- Titanweiß

evtl. Deckweiß

Malspachtel

Pinsel s. S. 8

Ich verstehe nichts vom Angeln und esse auch nicht gern Fisch, könnte aber stundenlang Fischer beobachten und zeichnen. Es ist immer wieder erstaunlich, wie nah sich die Angler bei stürmischem Wellengetöse oft an den Abgrund wagen, um die größten Fische zu fangen. Die Angler halten die Stellungen meist eine ganze Weile, das Meer dagegen ist ständig in Bewegung und verändert sich jede Sekunde aufs Neue. Ohne Figur würde hier ein klarer Fokuspunkt im Bild fehlen.

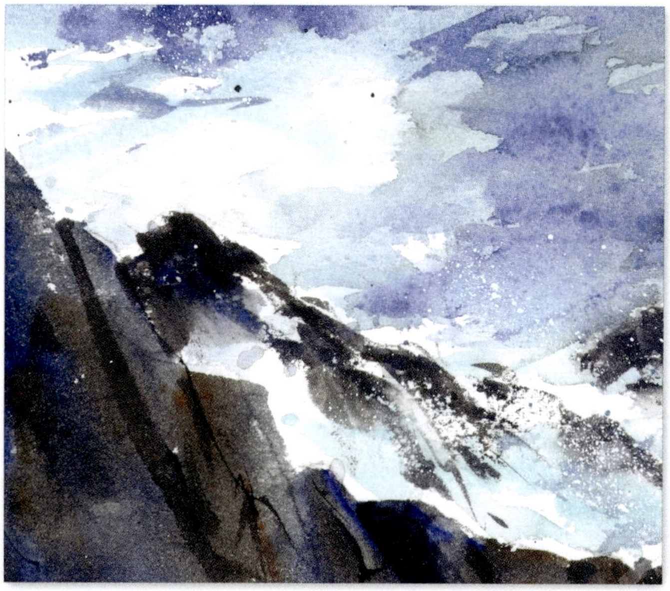

**Ausschnitt 1**
Wasser und Felsen greifen wie Puzzleteile ineinander und halten sozusagen die Komposition zusammen. Die Helligkeit des Wassers greift in die Dunkelheit der Felsen und umgekehrt. Somit werden beide Flächen ineinander verankert. Das Wechselspiel von harten und weichen Rändern beschreibt die Härte der Felsen und die Weichheit des Wassers.

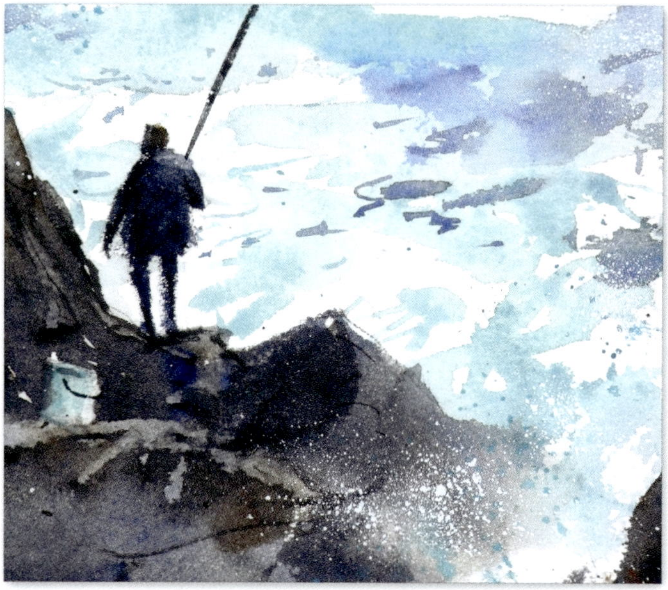

**Ausschnitt 2**
Der Angler verleiht der Szene eine Größenvorstellung. Jeder weiß, wie groß ein Mensch ist. Somit stellt man alles andere im Bild in Relation zu dieser Größe. Die Position der Figur ist sorgfältig gewählt, der Blick des Anglers geht ins Bild. Schaut da eine Fischflosse aus dem Eimer?

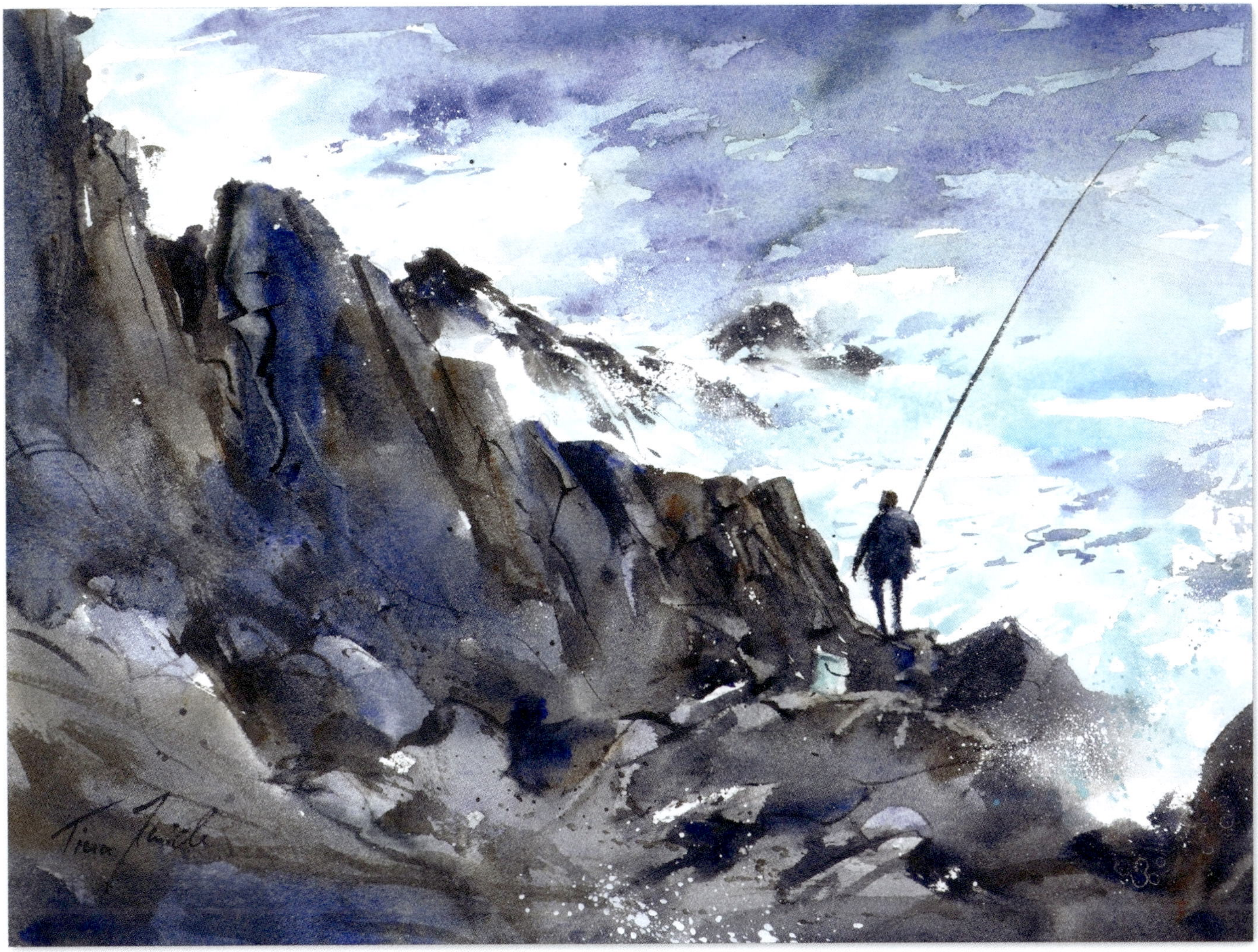



**Vorgehensweise**

Mit Coelinblau und viel Wasser im Pinsel wurde die Wasserfläche grundiert. Dabei wurden immer wieder weiße Stellen für die Gischt frei gelassen, besonders dort, wo das Wasser an die Felsen grenzt. Von oben her kam dann Französisch Ultramarin und etwas Siena gebrannt dazu. Die Felsen werden zunächst mit einer Mitteltonlavur aus Französisch Ultramarin und Siena gebrannt angelegt, wobei die Farben möglichst auf dem Papier ineinanderlaufen sollen, um lebendiger zu wirken. Die hellen Stellen lassen sich gut mit der Malspachtel in das noch feuchte Papier kratzen. Dunkelheiten können in die noch feuchte Felsenfarbe gesetzt werden. Das geht auch noch, wenn das Papier getrocknet ist. Für einige weiche Ränder kann der weiche Borstenpinsel eingesetzt werden. Eventuell etwas Gischt mit Deckweiß aufspritzen. Ganz zum Schluss wird der Angler in Position gebracht. Den Eimer mit den Fischen nicht vergessen …

# Kleiner Wasserfall

**Du brauchst:**

Aquarellpapier Arches Feinkorn, 300 g/m²

Aquarellfarben in
- Quinacridongold
- Siena natur
- Siena gebrannt
- Französisch Ultramarin

Malspachtel

Pinsel s. S. 8

Gebirgsbäche gibt es in allen Größen und Formen. Oft fallen diese nicht in einer geraden Linie herab, sondern sind durch Zwischenstufen unterbrochen. Sammelt sich das Wasser in kleinen Pools zwischen dem fallenden Wasser, kommt wieder eine Horizontale ins Spiel. Diese kann man durch die Steine darum herum oder horizontale Linien in der Wasserfarbe definieren. Hier verleihen die diagonalen Linien dem kleinen Wasserfall noch eine besondere Dynamik.



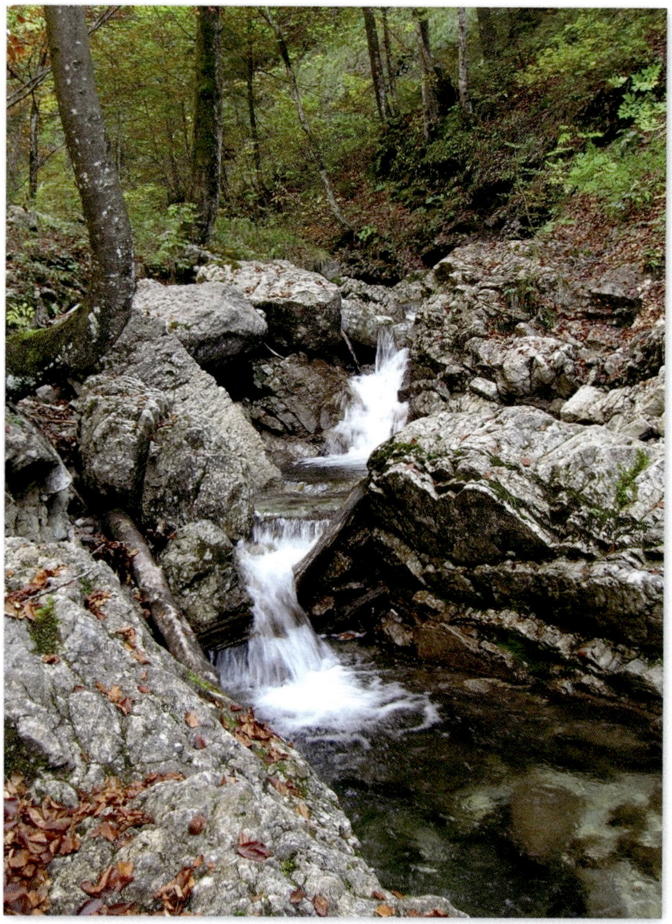

**Motiv-Vorlage**
Die Dominanz ist bereits vom Foto als vertikales Format vorgegeben. Das reinste Weiß ist das sprudelnde Wasser, und um das Weiß an anderer Stelle zu wiederholen, bzw. es aus der begrenzten Wasserform herauslaufen zu lassen, bieten sich hier die Helligkeiten auf den Steinen an. Das Ziel ist es, helle und dunklere Flächen ineinander zu verzahnen, damit die Komposition zusammenhält. Das kann man gut mit ineinandergreifenden Puzzleteilen vergleichen. So wie das Weiß in die Steine fließt, braucht auch der Wasserfall selbst Dunkelheiten, um sich mit den anderen Formen optisch zu verbinden.

**Tipp: Wiederholung** schafft Harmonie, zu viel Wiederholung verursacht Monotonie. Es geht darum, das interessante Mittelmaß zu finden.
Verbindungen der Helligkeiten und Dunkelheiten in einer Komposition leiten das Auge des Betrachters durch das Bild.

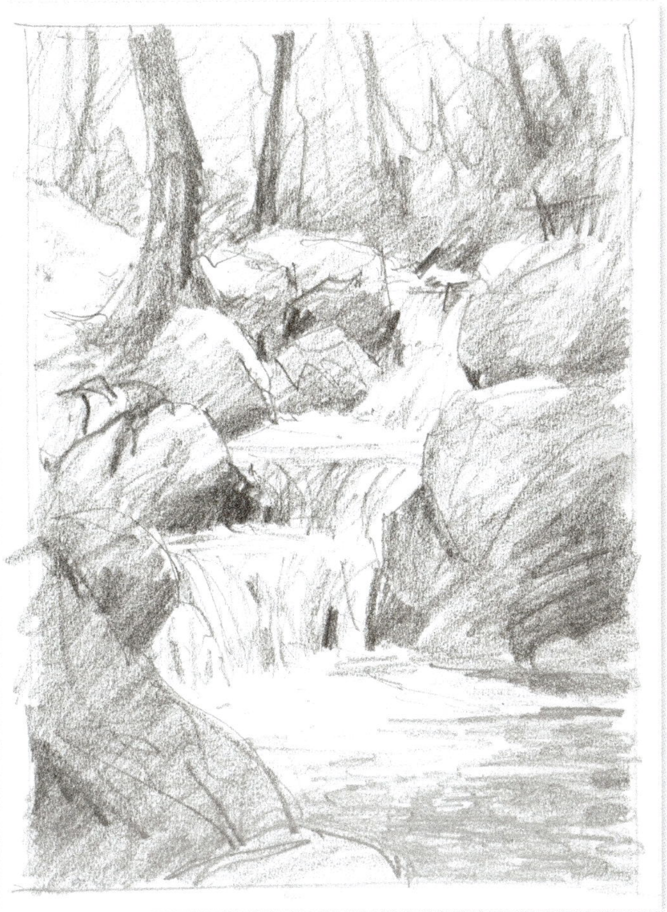

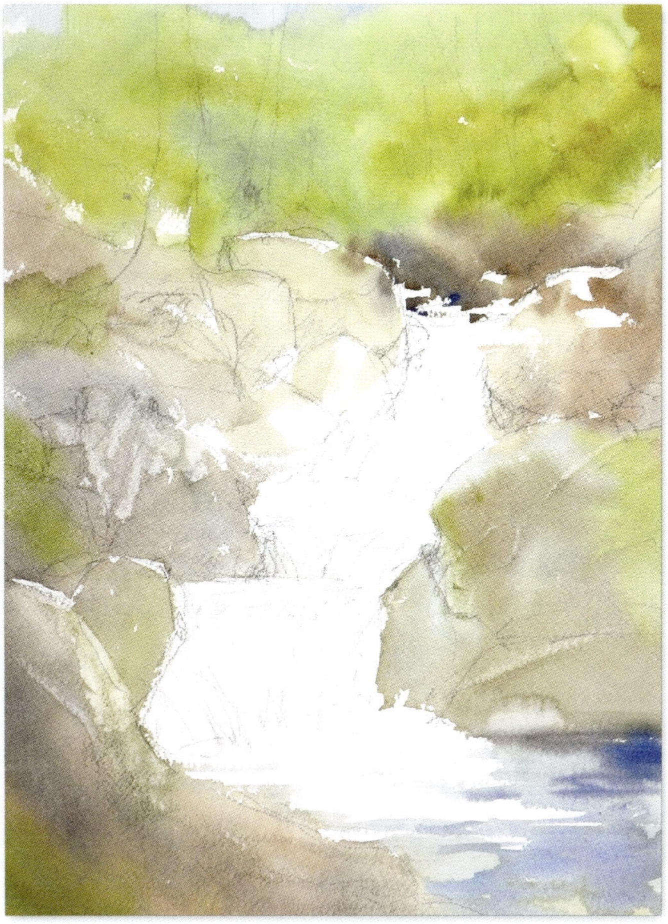



**1. Schritt**

Es ist ein Wasserfall, aber er hat mehrere kleinere Unterteilungen. Versuche, die Abschnitte verschieden groß, breiter und schmäler zu machen. Ganz oben, wo der Fall des Wassers beginnt, ist das Wasser flach. Im unteren Teil kannst du auf die Wasserfläche sehen und der Bereich ist größer.

Die Steine sind oben hell und unterhalb, zum Wasser hin, dunkler. Durch das Spiel von Hell-Dunkel hebst du einen Stein gegen den anderen ab und bringst gleichzeitig das Wasser als negative Form heraus. Den größten Teil des Malprozesses kannst du sozusagen als „Trockenübung" bereits bei der Tonwertskizze durchdenken und du brauchst dich dann nur noch um die Farbe kümmern.

**2. Schritt**

Nimm viel Wasser mit der Farbe in deinen Pinsel, damit keine harten Ränder in der Waldfläche entstehen. Beginne mit Französisch Ultramarin, Siena natur und Quinacridongold im oberen Bildteil. Nimm Siena gebrannt dazu, wenn du zu den Steinen übergehst. Lege für die Steine eine Grundierung von Siena gebrannt und Französisch Ultramarin an und lasse dann etwas Grün hier und da in die feuchte Farbe laufen.

Lasse oben auf den Steinen Weiß stehen, das sich mit dem Weiß des Wassers verbindet. Ganz unten rechts mehr Französisch Ultramarin ins Wasser malen. Helligkeiten auf den Steinen können auch mit der Malspachtel herausgekratzt werden.

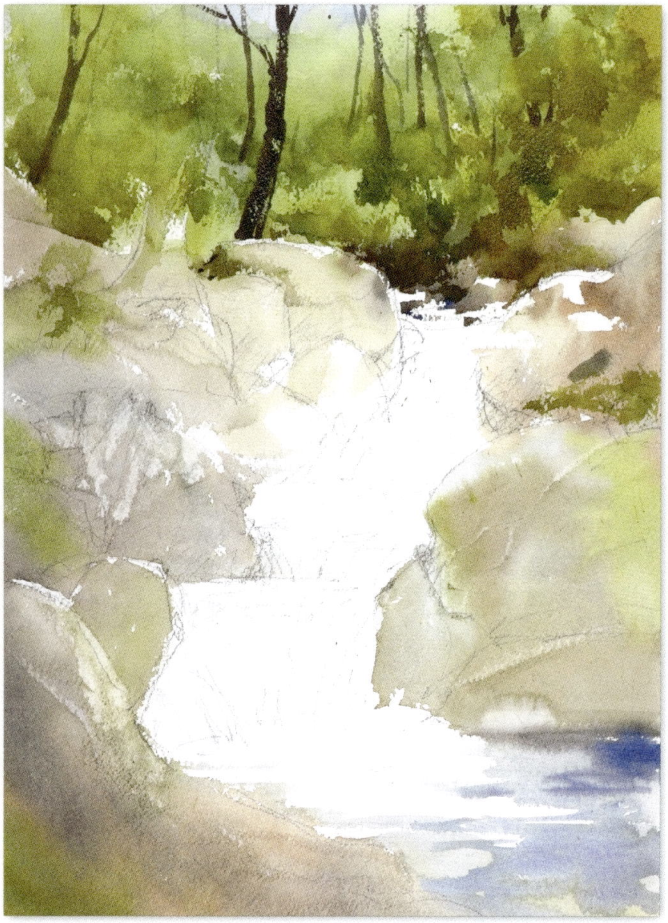

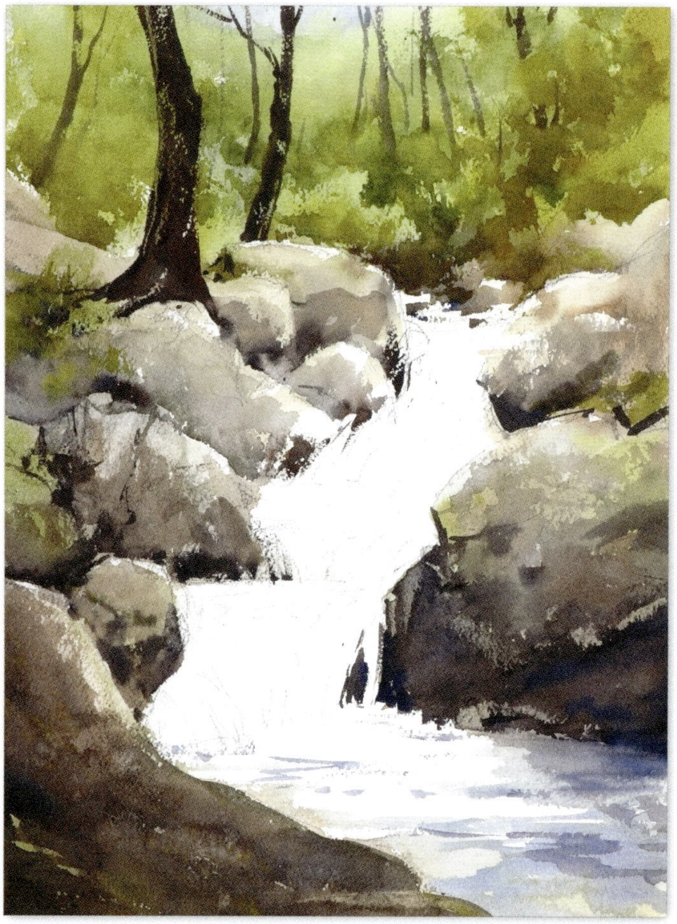



### 3. Schritt

Quinacridongold und Französisch Ultramarin ergeben eine gute Grünmischung. Versuche, möglichst immer etwas mehr Gelb oder mehr Blau im Pinsel zu haben, um das Grün lebendig zu halten. Beide Farben kann man zu einem einheitlichen Grün mischen, aber das wirkt langweilig und kommt einer fertigen Tubenfarbe gleich. Mache dir die raue Struktur des Papiers zunutze und ziehe den Pinsel für die Andeutung von Blättern parallel über das Papier. Deute zwischen dem Grün einige Stämme und Äste an, je weiter hinten, desto heller, je weiter vorne, desto dunkler. Vorne auf den Steinen darf ein wenig Moos wachsen, so wiederholst du das Grün von oben im unteren Teil des Bildes.

### 4. Schritt

Es folgen die Dunkelheiten unter den Steinen mit variierten Mischungen aus Sina gebrannt und Französisch Ultramarin. Hier malst du jeweils zwei Dinge gleichzeitig, denn die Dunkelheit des hinteren Steines formt den davorliegenden Stein, der oben heller ist. Grenzt ein Stein an das Wasser, malst du mit der Dunkelheit des Steins gleichzeitig das sprudelnde Wasser. In sich hat also jeder Stein eine Abstufung von unten dunkel nach oben hell.
Steine sind rau und dürfen auch Struktur durch Kratzen, Rückläufe oder Spritzer erhalten. Sie sollten sich außerdem in Form und Größe unterscheiden.
Platziere den größten Baum oben rechts und kratze etwas Rindenstruktur mit der Spachtel hinein.

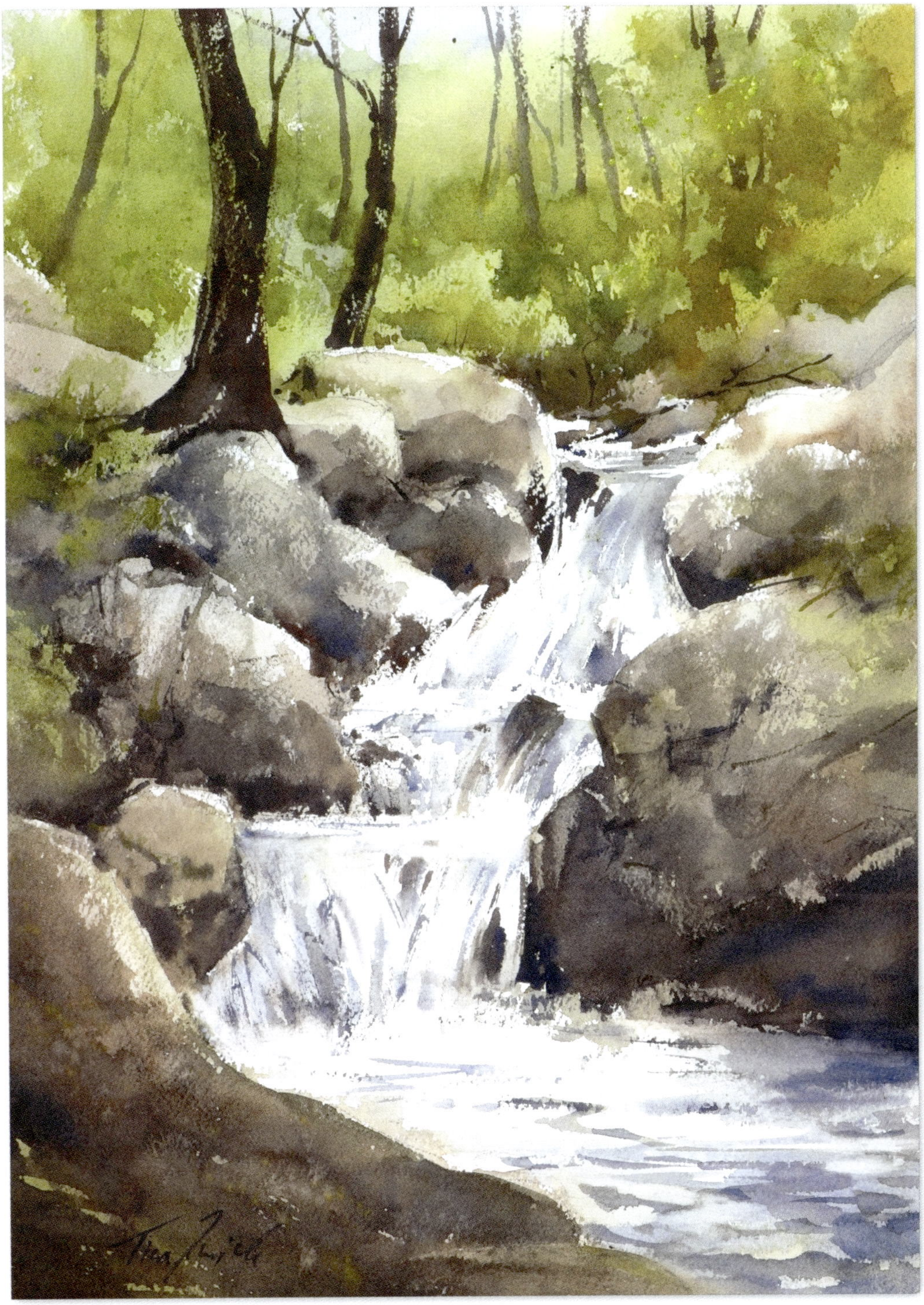

### Fertiges Bild

Nun geht es daran, das Wasser wie Wasser aussehen zu lassen. Am besten ist nun eine Mischung aus weicher und harter Struktur. Die Striche, die du mit dem Pinsel in das Wasser ziehst, beschreiben die Fließrichtung des Wasserfalls. Kleine Richtungswechsel sind wünschenswert, aber achte darauf, dass sie einander nicht kreuzen. Bei den Pools dürfen es ein, zwei horizontale Pinselstriche sein, nur ganz fein mit dem Schlepper gezogen.
Das Wasser soll hell bleiben, also darfst du nicht zu viel Farbe verwenden. Es geht nur darum, kleine Akzente zu setzten, die dem Betrachter eine Illusion von fließendem Wasser vermitteln. Eventuell noch einige Spalten und Details auf die Steine setzen oder Blätter ins Laub spritzen.

*Denke nicht darüber nach, „Kunst zu machen", tu es einfach.*

Andy Warhol

# Im Ourika-Tal, Marokko

**Du brauchst:**

Aquarellpapier Arches Feinkorn, 300 g/m²

Aquarellfarben in
- Siena natur
- Siena gebrannt
- Caput Mortuum
- Kadmiumgelb
- Preußischblau

evtl. Deckweiß

Malspachtel

Pinsel s. S. 8



Marokko stellt man sich wohl eher sonnig und warm vor, doch besonders im Atlasgebirge kann es ganz schön kalt und sehr ungemütlich sein. Wenn es dann einmal regnet, schwellen die Flüsse sehr schnell an. Die Vegetation ist spärlich, und so bahnt sich das Wasser meist ungehemmt seinen Weg ins Tal.

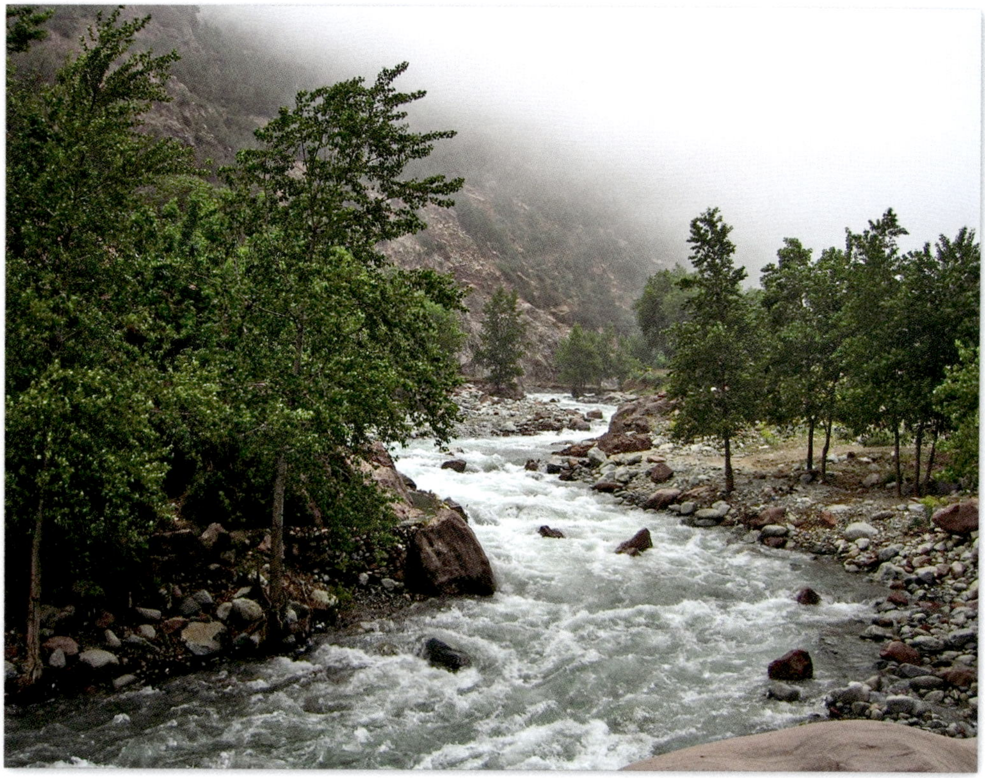

**Motiv-Vorlage**

Die nebelige Stimmung gibt dem Motiv zusätzlichen Reiz. Preußischblau ist im Vergleich zu Ultramarin- oder Kobaltblau kälter und somit für dieses nasskalte Wetter besser geeignet. Es muss nicht jeder Baum, jeder Stein und nicht jeder Busch ins Bild gemalt werden. Weniger ist, wie so oft, mehr. Der Hauptdarsteller soll das sprudelnde Wasser werden.

Weiche und harte Strukturen wechseln sich hier im Motiv ab. Der weiche Übergang vom Nebel in der Landschaft sollte als Struktur im Wasser wiederholt werden, um für Harmonie im Bild zu sorgen.

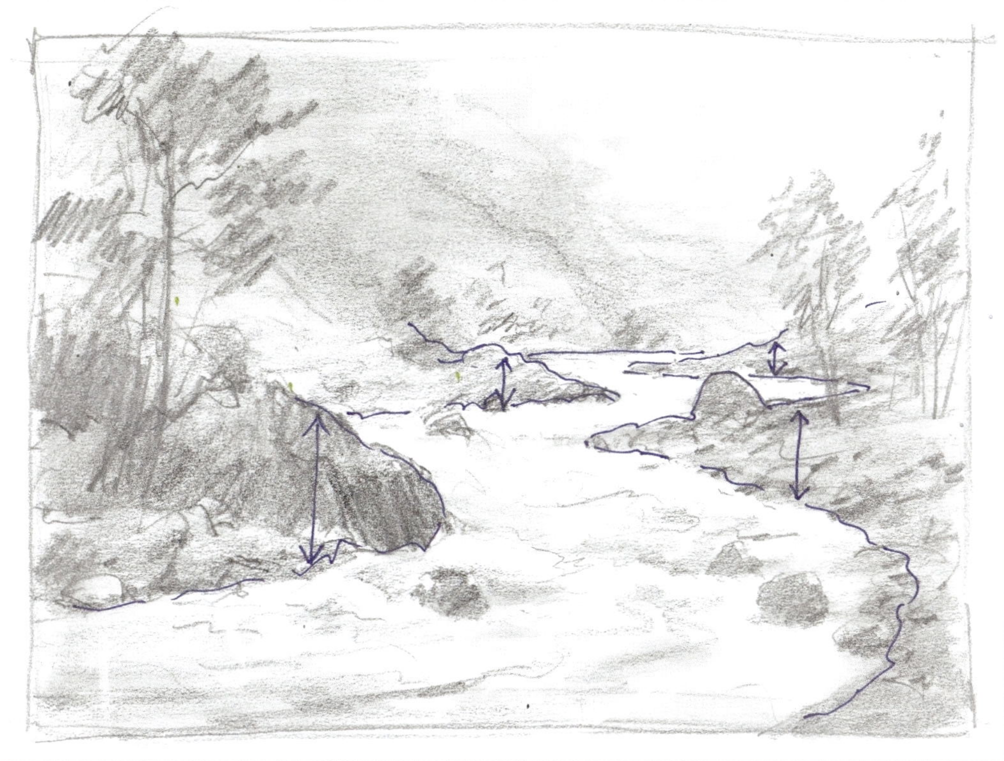

**1. Schritt**
Der Fluss macht im Foto vier Schwünge. Achte darauf, dass diese nach hinten flacher werden. Der Abstand zwischen den Schwüngen verringert sich ebenfalls nach hinten. Das Wasser verschwindet fast horizontal hinter der letzten Böschung rechts. Überlege dir bei der Tonwertskizze, wie dunkel deine Farben werden müssen, damit das Wasser gut herauskommt. Die Steine sind oben heller und unten dunkler, das gibt ihnen Form und Tiefe. Auch wenn die Sonne nicht direkt scheint, kommt das Licht von oben.



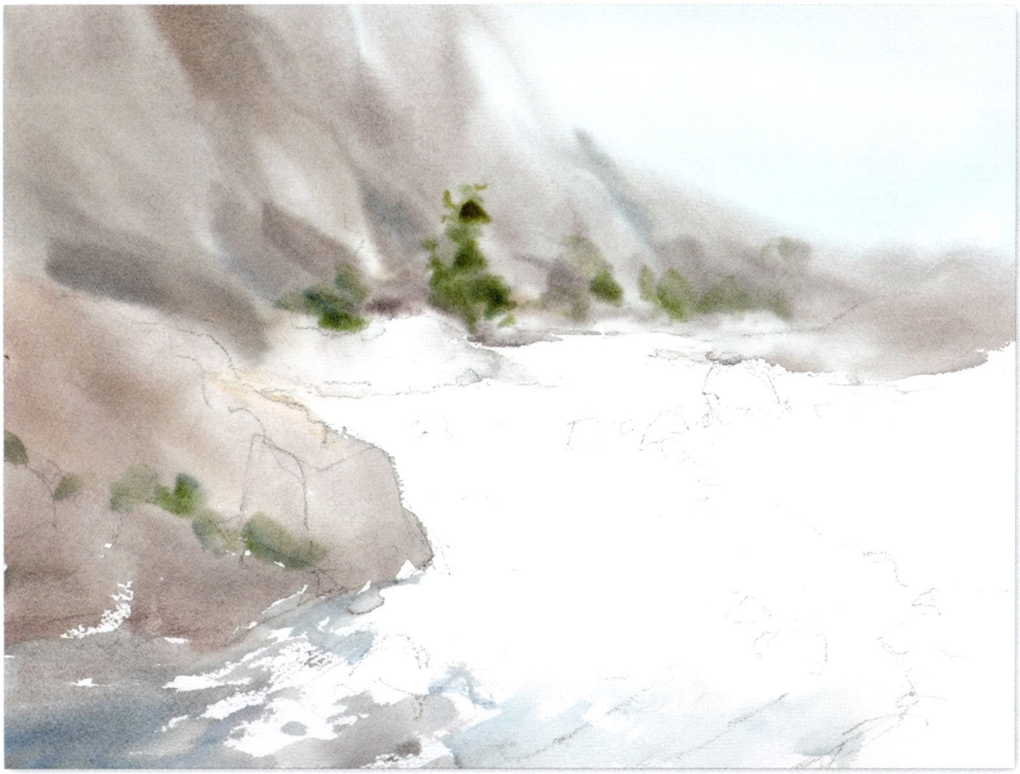

**2. Schritt**
Die Farben auf deiner Palette sollten weich sein oder direkt aus der Tube kommen. Feuchte nun den oberen Teil des Bildes bis zum Fluss und nach links unten an. Beginne rechts mit einem Hauch von Preußischblau und Caput Mortuum und nimm nach links hin immer mehr Pigment in den Pinsel. Der Pinsel ist fast trocken und holt sich das Wasser aus dem vorher angefeuchteten Papier. Siena natur gemischt mit Preußischblau deutet schon die ersten Bäume im Hintergrund an.

### 3. Schritt

Lege zunächst nur ganz zart Preußischblau mit weichen Verläufen in die abgestuften Stromschnellen. Aber Vorsicht: Lasse genug Weiß für die Gischt stehen.
Hier wird sich nun zeigen, wie gut du deine Tonwerte bei der Planungsskizze bedacht hast. Beim Aquarell ist es wichtig, ein klares Konzept vor Augen zu haben, da Korrekturen nur bedingt möglich sind. Wenn die erste Schicht trocken ist, lege noch etwas Trockenstruktur in dunklerem Preußischblau darüber.

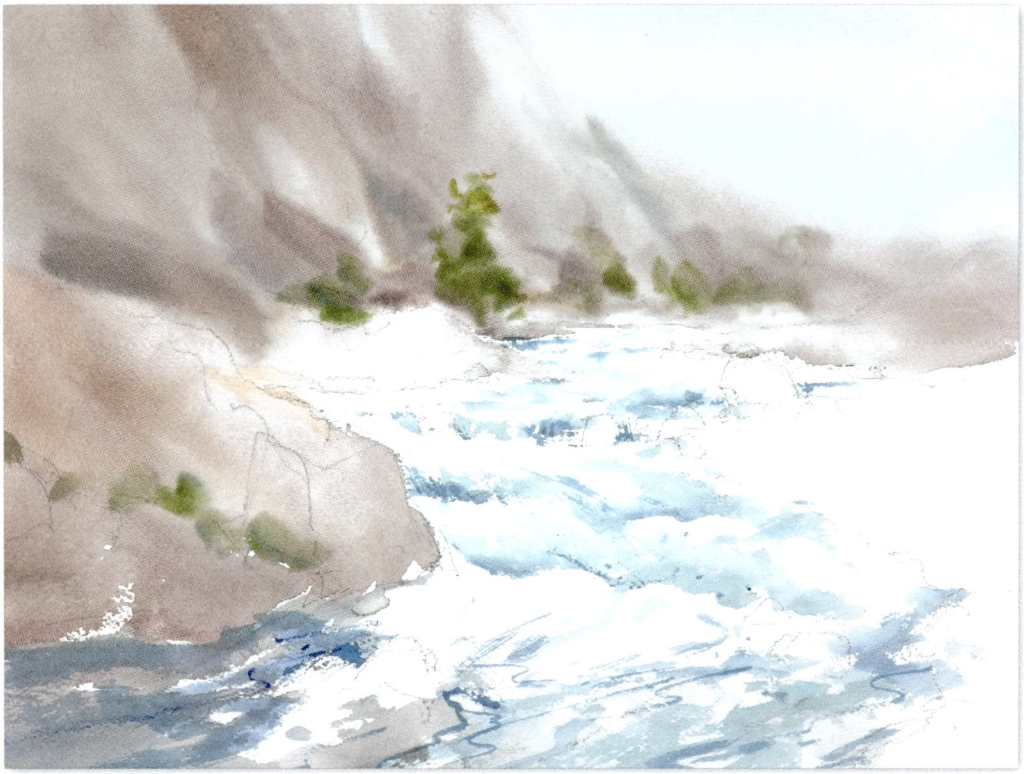



### 4. Schritt

Mit den Steinen gehst du ähnlich vor: Erst eine hellere Farbschicht über die Felsen-Fläche legen und dann dunklere Akzente setzen. Variiere hierbei auch die Farbe so, dass nicht alle Steine gleich aussehen. Das kannst du in der noch feuchten Farbe tun oder Farbakzente auf die darunterliegende trockene Farbe legen. Helligkeiten bleiben stehen oder werden mit der Malspachtel gekratzt. Die Kante zum Wasser hin darf dunkler werden und sollte möglichst unregelmäßig sein. Kein naturbelassener Fluss hat gerade Ufer.

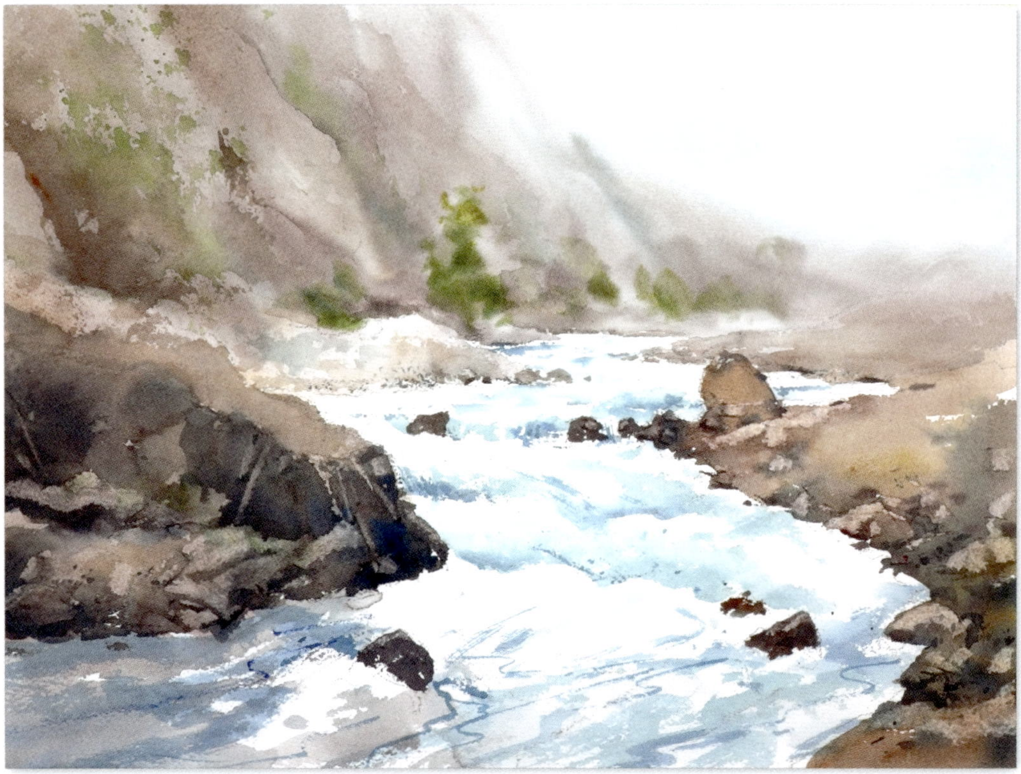

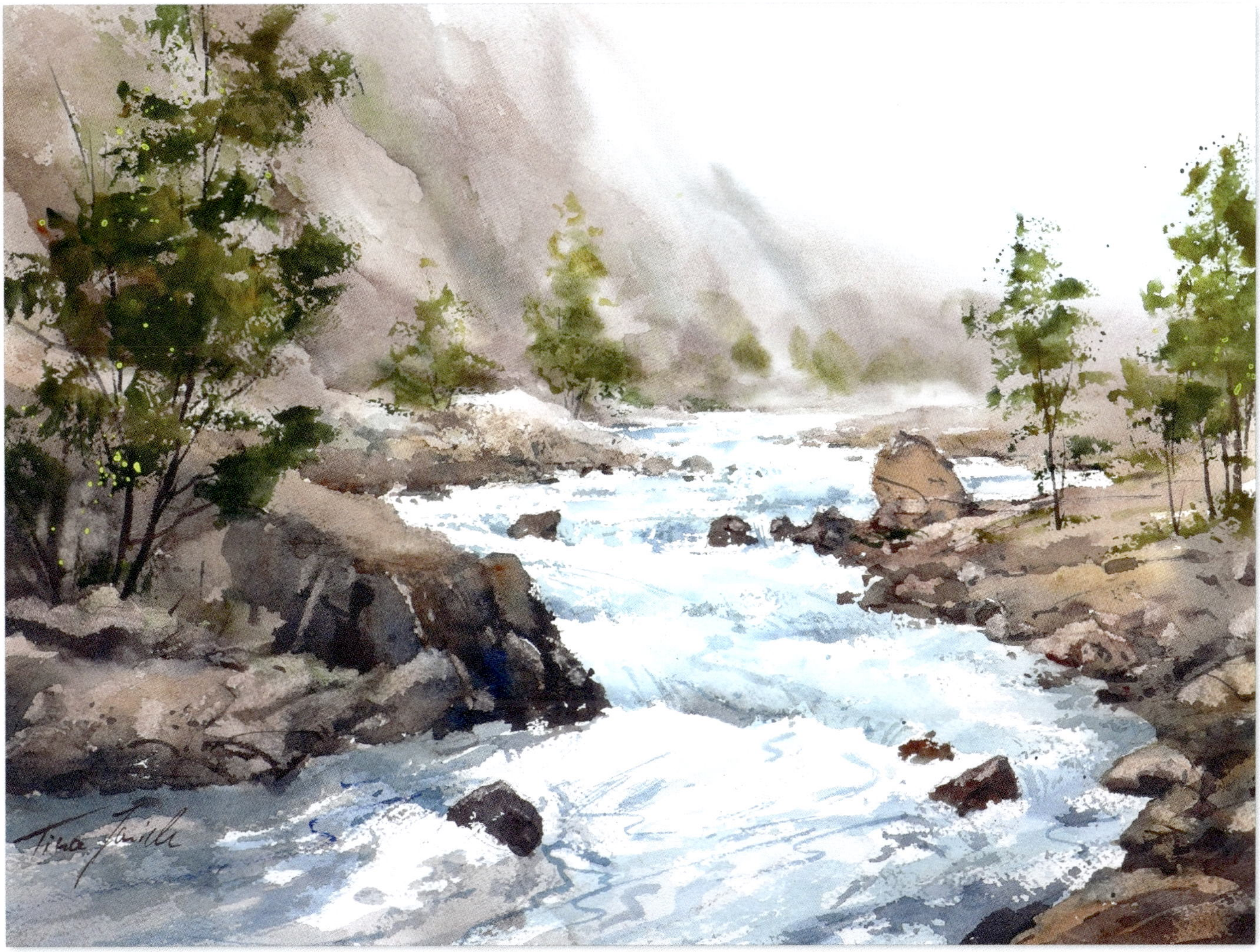



### Fertiges Bild

Die Bäume im Vordergrund sollten nun mit sehr pastoser Farbe aus Siena natur und Preußischblau mit Trockenstruktur ins Bild gemalt werden. Man darf die Steine im Hintergrund dabei nicht durch die Blätter sehen.

Beginne mit dem Laub und setze dann die dunkleren Äste dazwischen. Einige Spritzer Kadmiumgelb brechen das Graugrün etwas. Die hinteren Bäume bleiben dunstig im Nebel angedeutet und bekommen weder Äste noch weitere Struktur. Male mit dem Schlepper hier und da noch ein paar Details in die Steine und lege noch einzelne, unterschiedliche Steine ins Wasser, falls nicht schon in Schritt 4 geschehen.

Einige Kringel im Wasser bringen noch Bewegung in den Fluss. Sollte dir einiges an Weiß „davongeschwommen" sein, kannst du zum Schluss entweder mit Deckweiß oder dem Cuttermesser nacharbeiten. Leider wirkt das nicht ganz so „aquarellig" wie das Papierweiß, kann aber trotzdem kleine Fehler korrigieren.

# Segelboot

**Du brauchst:**

Aquarellpapier Arches Feinkorn, 300 g/m²

Aquarellfarben in
- Französisch Ultramarin
- Alizarin-Karmesin
- Kobalttürkis
- Lasurorange

Pinsel s. S. 8

Wo Wasser ist, sind die Boote nicht weit. Es gibt sie in allerlei Größen und Formen. Manchmal sind sie nur klein im Hintergrund oder wie hier das Hauptmotiv.
Achte auf das Verhältnis des Bootrumpfes zur Größe des Segels. Der Mast befindet sich meist im vorderen Drittel des Bootes, was uns designtechnisch (mein Lieblingswort) entgegenkommt. Etwas in die Mitte zu platzieren, wirkt dagegen nicht so spannend.

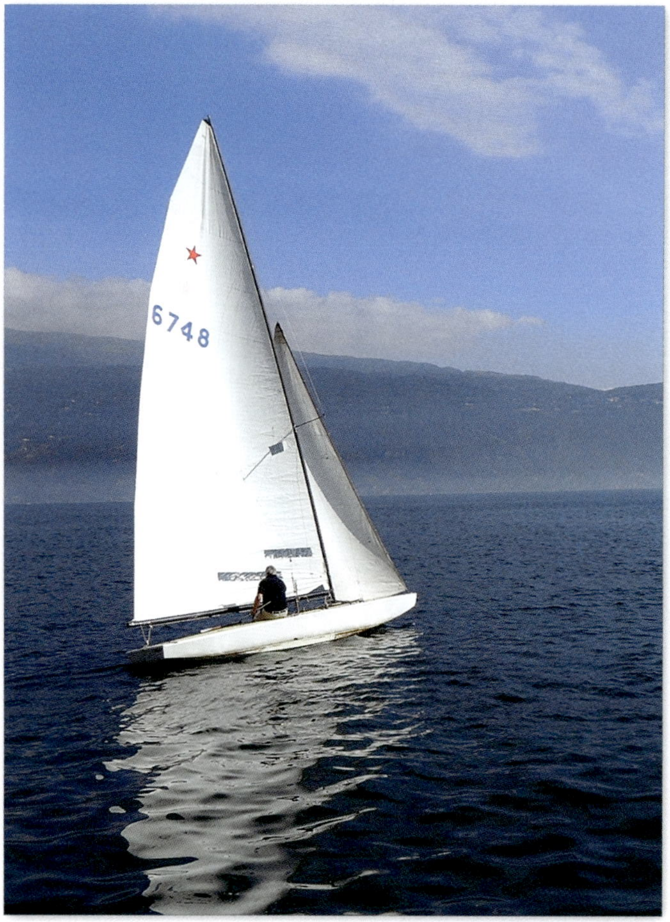


**Motiv-Vorlage**
Das Segelboot wird wunderschön von der Spätsommersonne angestrahlt und hebt sich dadurch gut vom Hintergrund ab.
Auf dem Foto sieht man sehr schön, dass sich zwar eine helle Spiegelung auf dem See ergibt, dass sie aber etwas dunkler ist als das Segel selbst. Die andere Seite des Sees ist nebelverhangen.
Sicherlich sind bei dem schönen Wetter auch noch mehr Segler unterwegs, die in einiger Entfernung rechts ins Bild gleiten und so die Form des großen Segels für mehr Harmonie im Bild wiederholen.

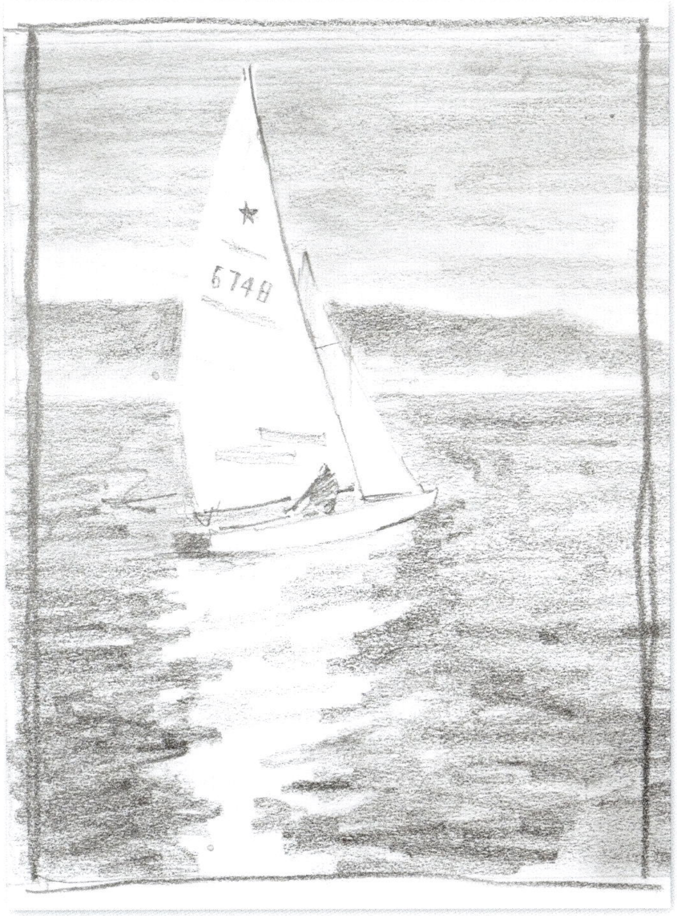

**1. Schritt**

Fertige eine Tonwertskizze des Motivs an und überlege, wie dunkel du werden musst, damit das Segelboot gut sichtbar wird.

Meine erste Version war ein Querformat, dann habe ich es auf ein Quadrat reduziert und mich letztendlich für ein Hochformat entschieden, um das Segelboot bestmöglich in Szene zu setzen. Von dem hoch gelegenen Horizont war ich auch nicht überzeugt und empfand es stimmiger, ihn in das untere Drittel des Bildes zu setzen. Manchmal dauert es etwas, bis man die stimmigste Komposition gefunden hat. Es wäre auch möglich, die Uferkante in das obere Drittel zu verlegen, das Segel oben aus dem Bild laufen zu lassen und der Spiegelung mehr Raum im Bild zu geben.

Hast du die beiden anderen Segler schon entdeckt?

**2. Schritt**

Feuchte den Himmel an einigen Stellen mit klarem Wasser an und lasse dann Französisch Ultramarin und Kobalttürkis hineinlaufen. Für die Wolkenschatten kommt noch etwas Alizarin-Karmesin hinzu.

Hier kann auch gleich der kleine Schatten auf dem vorderen Segel angelegt werden. Das Segel muss dabei ausgespart werden. Falls die beiden entfernten Segelboote den Weg in dein Bild gefunden haben, lasse sie möglichst auch negativ stehen.

Die Farbe des Himmels, die links hinter dem Segel verschwindet, sollte erst einmal rechts genauso wieder hervorkommen. Das Gleiche gilt für eventuelle Wolken, die hinter dem Segel vorbeiziehen. Male die Farbe bis hinunter zur Wasserkante, also auch über die Berge im Hintergrund.

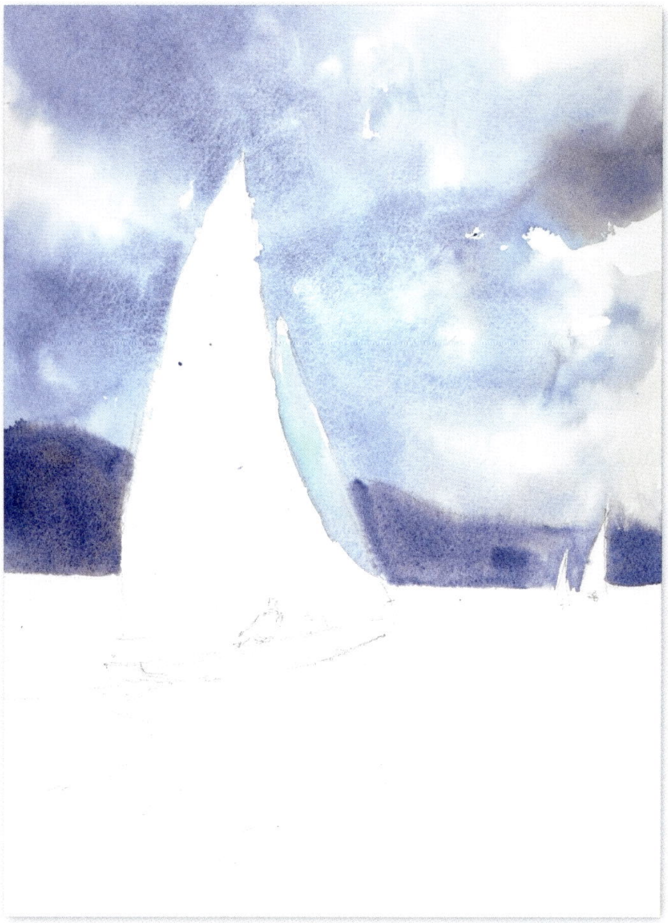

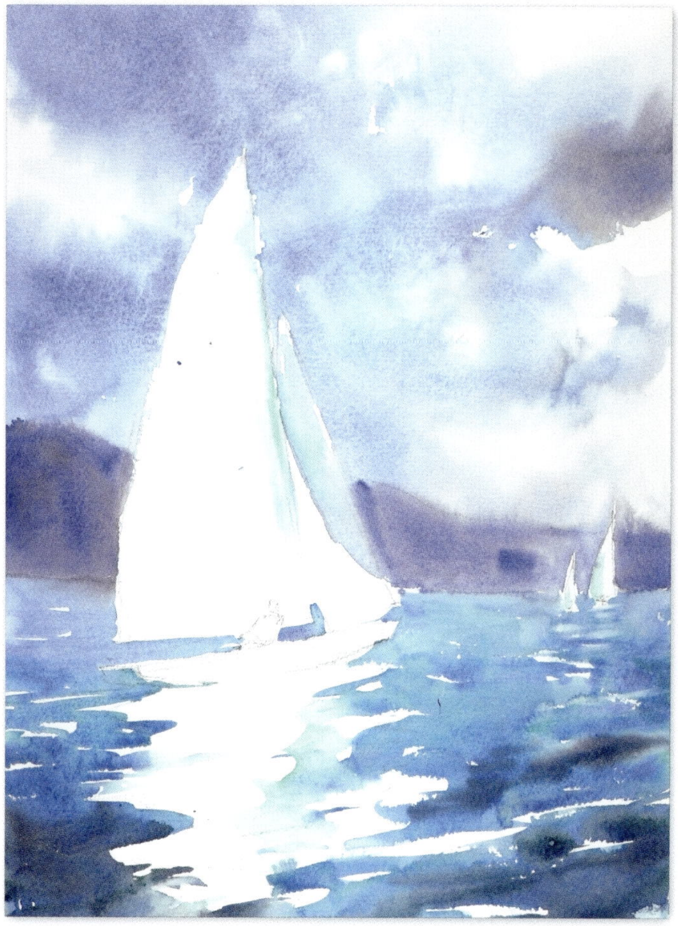



### 3. Schritt

Mische für die hintere Bergkette etwas mehr Alizarin-Karmesin ins Französisch Ultramarin. Wenn das Papier noch feucht ist, nimm sehr pastose Farbe in den Pinsel, damit die Berge nicht „davonlaufen". Ist dein Himmel bereits getrocknet, ergibt es zwar eine harte Kante nach oben, aber die Farbe lässt sich leichter kontrollieren. Spare auch hier wieder die Segel aus.
Male die Berge bis an die Segel heran und setze den Pinsel nicht kurz vorher ab. Es darf keine Lücken zwischen Bergen und Segel geben, sonst entsteht eine Art „Heiligenschein". Auf diese Weise malt man weiße Segel, ohne sie zu malen, indem man den Hintergrund dunkler gestaltet. Im Aquarell ist das Weiß das unberührte Papier, daher ist ein gutes Konzept im Voraus unverzichtbar. Das Herauswaschen der Farbe oder der Einsatz von Deckweiß ist möglich, aber das Aquarell verliert dadurch sein Leuchten und seine Luftigkeit.

### 4. Schritt

Verwende für die Farbe des Wassers die gleichen Farben wie im Himmel und versuche, sie auch hier auf dem Papier mehr ineinander laufen zu lassen. Wieder muss das Weiß des Segels ausgespart werden, aber diesmal mit großzügigen Pinselschwüngen, die auch die Wasserbewegung andeuten sollen.
Die Spiegelung ist so breit wie das Segel selbst, darf aber links und rechts aus dieser Form etwas ausbrechen. Sie ist außerdem leicht diagonal, bzw. parallel zum Boot, das hier etwas schräg im Wind segelt.
Löse hier und da mit klarem Wasser die Kanten auf, damit die Spiegelung nicht zu steif wirkt. Mit Türkis einen kleinen Schatten rechts an das große Segel zum Mast hin setzen und in der Spiegelung wiederholen.

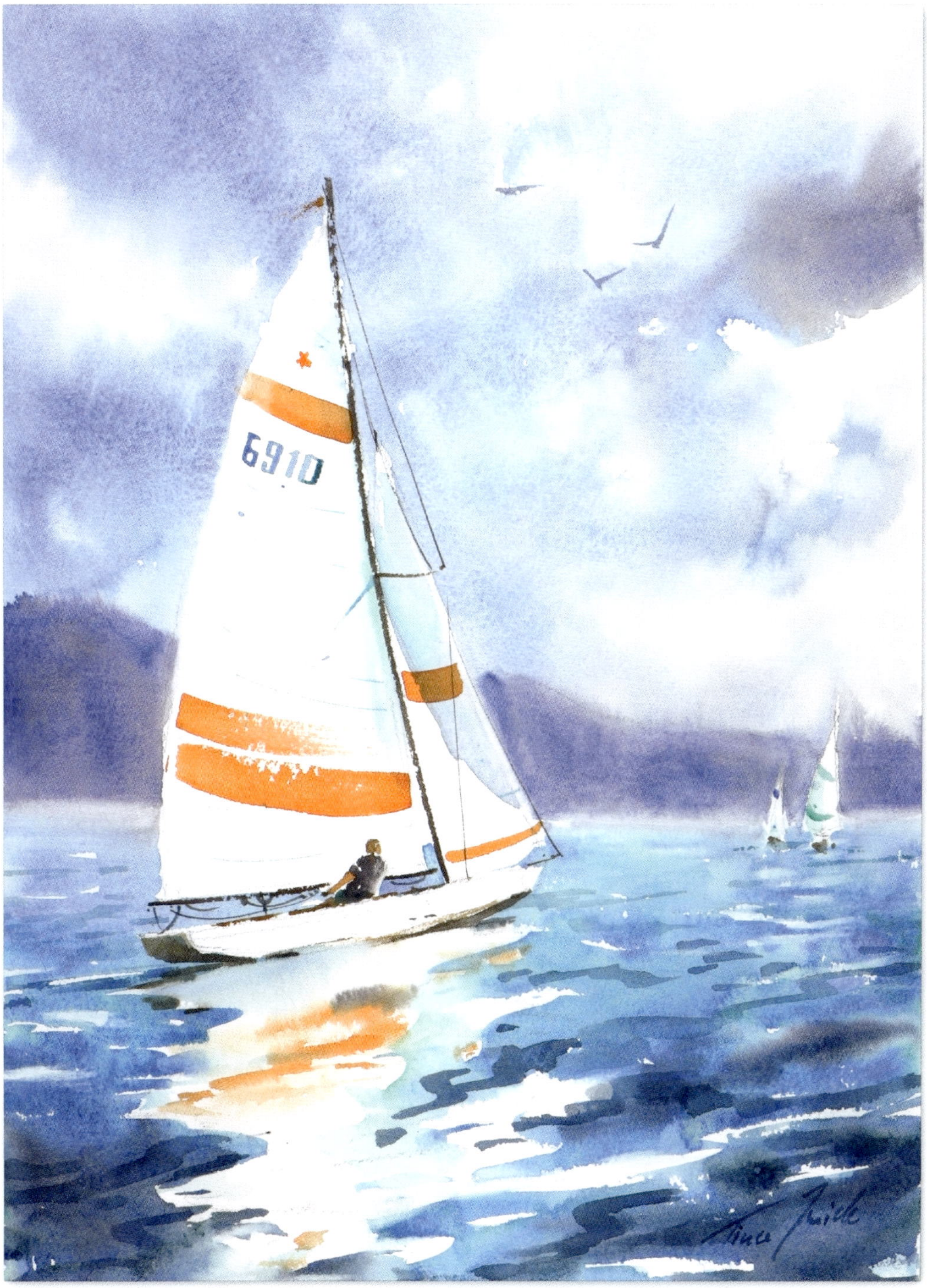

### Fertiges Bild

Ganz zuletzt folgen die Details. Setze mit Lasurorange die Striche auf das Segel und variiere dabei Breite und Abstand. Male auch etwas Lasurorange in die Spiegelung des Segels im Wasser.

Male eine Dunkelheit hinten an das im Schatten liegende Heck und vorne unter den Bug. Setze den Segler ins Boot und binde mit dem Schlepperpinsel Seile an den Mast. Deute, falls nötig, einige dunklere Wellenlinien im Wasser an, aber es darf nicht zu überladen werden.

Zum Abschluss wasche die Linie zwischen Wasser und Bergen noch ganz leicht mit dem Flachpinsel weich. Auf Arches-Papier geht das sehr gut, ohne dass Flecken entstehen. Die entfernten Boote nur mit ganz wenigen Details andeuten. Ein paar Möwen begleiten das Boot.



**Tipp:** Die Striche im Segel können natürlich auch eine **andere Farbe** bekommen, die dich mehr anspricht. Sie sollte sich dann aber auch so im Wasser spiegeln. Die Nummer kann auch ein Logo oder ein Name sein. Wenn du gerne Figuren malst, lade Freunde mit auf den Segeltörn ein. Werde kreativ und mache es zu deinem persönlichen Segelboot!

# Am Strand von Essaouira, Marokko

**Du brauchst:**

Aquarellpapier Arches Feinkorn, 300 g/m²

Aquarellfarben in
- Französisch Ultramarin
- Coelinblau
- Siena natur
- Siena gebrannt
- Alizarin-Karmesin

Malspachtel

Pinsel s. S. 8

Dieser Steinhaufen am Strand von Essaouira in Marokko soll vor langer Zeit mal ein Haus gewesen sein. Ein wenig sieht man, dass dort Menschen Hand angelegt hatten. Ich habe diese Steine mehrmals aus verschiedenen Winkeln gemalt und immer einen natürlichen Steinhaufen daraus gemacht. Bei Flut liegt die Hälfte unter Wasser, und bei Wind ist er ein ordentlicher Wellenbrecher. Malerischer ist die Szene jedoch bei Ebbe mit den Pfützen im Sand. Teilweise spiegeln sich die Steine und der blaue Himmel im stehenden Wasser. Mal ist die Spiegelung heller, mal ist sie dunkler als der Sand. Das Wechselspiel macht das Motiv besonders ansprechend.

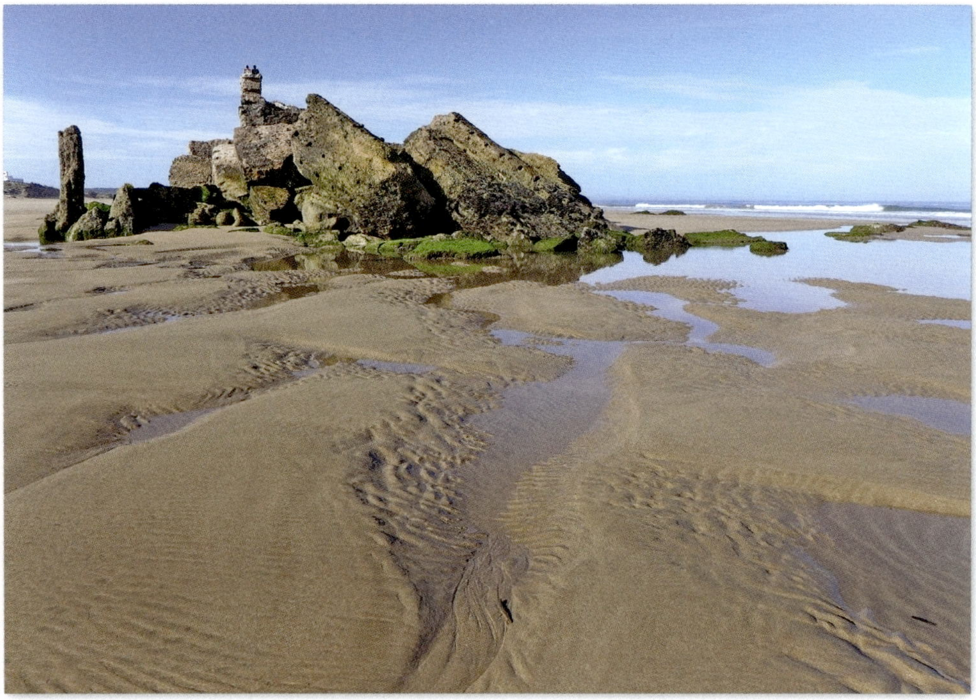



**Motiv-Vorlage**

Selten übernehme ich solche Pfützen genauso, wie sie im Foto auftreten. Sie sollten so angeordnet werden, dass sie das Auge des Betrachters zum Fokuspunkt führen und gut in ihrer Form variiert werden. Möglichst sollten sie auch nicht diagonal genau in eine Ecke auslaufen. Eine Verbindung mehrerer Pfützen macht die Komposition harmonischer. Die Pfützen werden nach vorne breiter und nach hinten hin flacher. Das gilt ebenfalls für den Abstand zwischen ihnen.

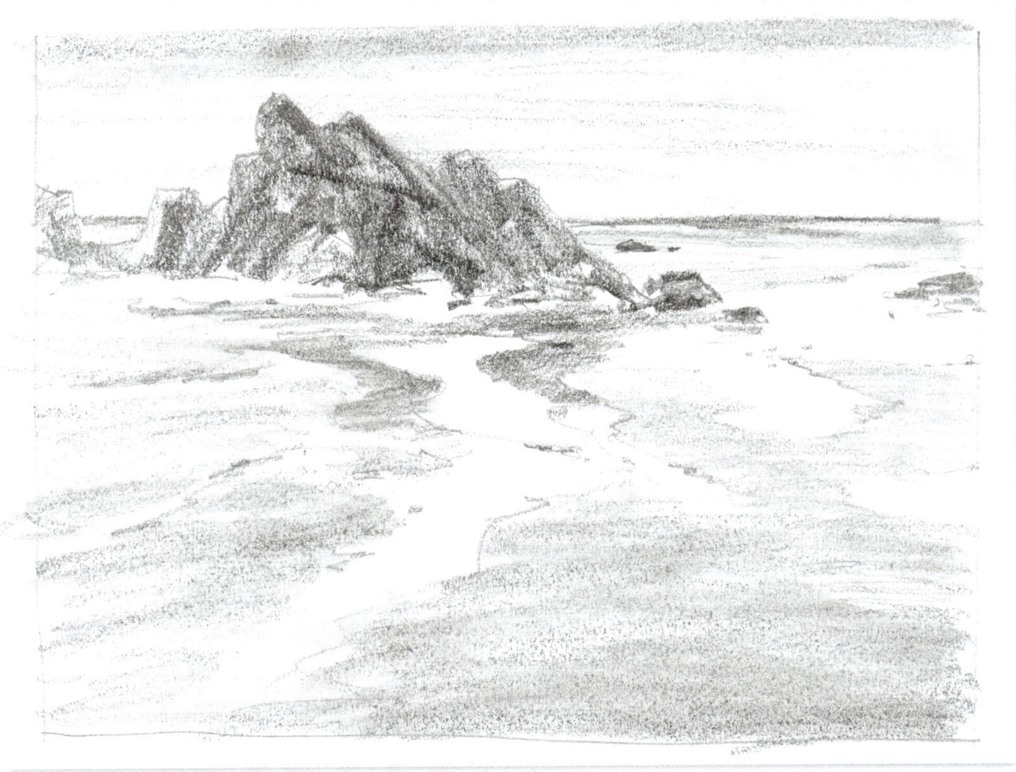

**1. Schritt**
Die Tonwertskizze ist hier sehr von Vorteil, um das Wechselspiel zwischen heller und dunkler Spiegelung zu verdeutlichen. Der Strand stuft sich von vorne zur Mitte des Bildes von dunkel nach hell ab. Die Spiegelung des Steines ist etwa so lang wie der Felsen im Bild hoch ist. Auch der Himmel ist oben dunkler und wird zum Horizont hin heller. Links darf eine Lücke in den Felsen sein, um ein weiteres Stück vom Meer zu sehen, das wiederum dunkler den Horizont bildet.

**2. Schritt**
Male den Himmel mit Französisch Ultramarin und etwas Coelinblau, oben kräftiger in der Farbe und zum Horizont hin heller werdend. Du kannst über die Steine malen, denn sie werden später ohnehin dunkler. Feuchte den unteren Teil des Bildes an. Die Abstufung sollte nun in der Farbe und im Tonwert passieren, von Coelinblau zu Französisch Ultramarin und von hell nach dunkel, jeweils von oben nach unten. Die Wasserfläche unten entspricht nun idealerweise dem Tonwert im Himmel. Trocknen lassen.

**3. Schritt**

Mische für die Steine Französisch Ultramarin, Siena gebrannt und etwas Siena natur. Kein Stein gleicht dem anderen, also variiere die Farbe möglichst bei jedem Pinselstrich etwas. Der Steinhaufen ist der Fokus des Bildes und sollte sich in seiner Dunkelheit gut vor dem Hintergrund abheben. Verliert die Farbe gerade so ihren Glanz, kratze mit der Malspachtel Helligkeiten in die nach oben zeigenden Flächen. Ziehe dann mit Französisch Ultramarin und Trockenstruktur das Meer hinter den Steinen ins Bild.

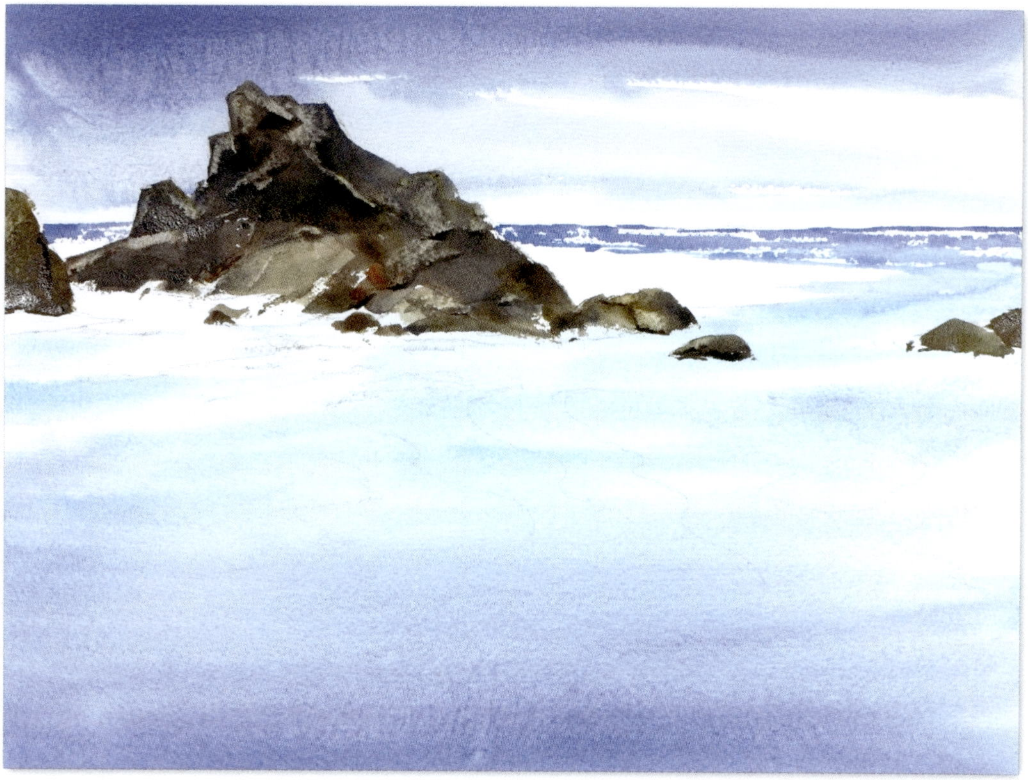



**4. Schritt**

Wenn du nun den Sand malst, musst du gleichzeitig an die Pfützen denken und diese herausformen. Richtung Steinhaufen sollte der Sand heller und nach unten zum Bildrand dunkler werden. Siena natur und Siena gebrannt ergeben eine gute Farbe, die weder zu gelb noch zu braun ist. Das kleine Stück Strand hinter den Steinen ist ebenfalls vorne dunkler und dann zum Wasser hin wieder heller. Eine Fläche muss nicht durchgehend den gleichen Tonwert haben, Abstufungen machen die Sache attraktiver.

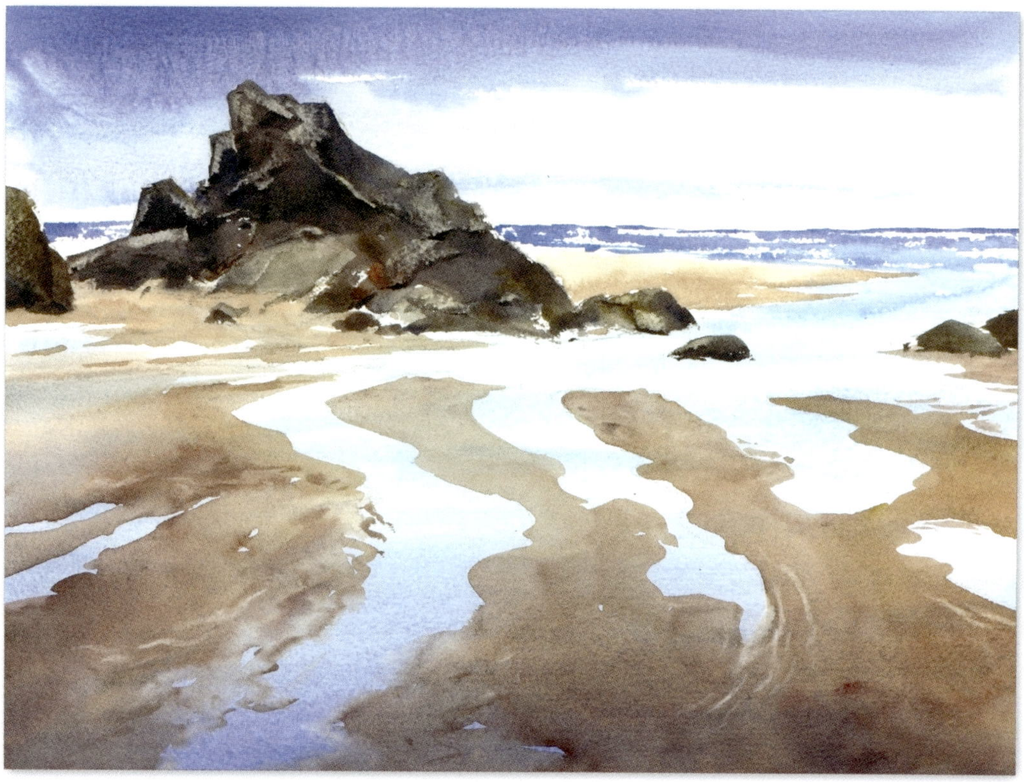

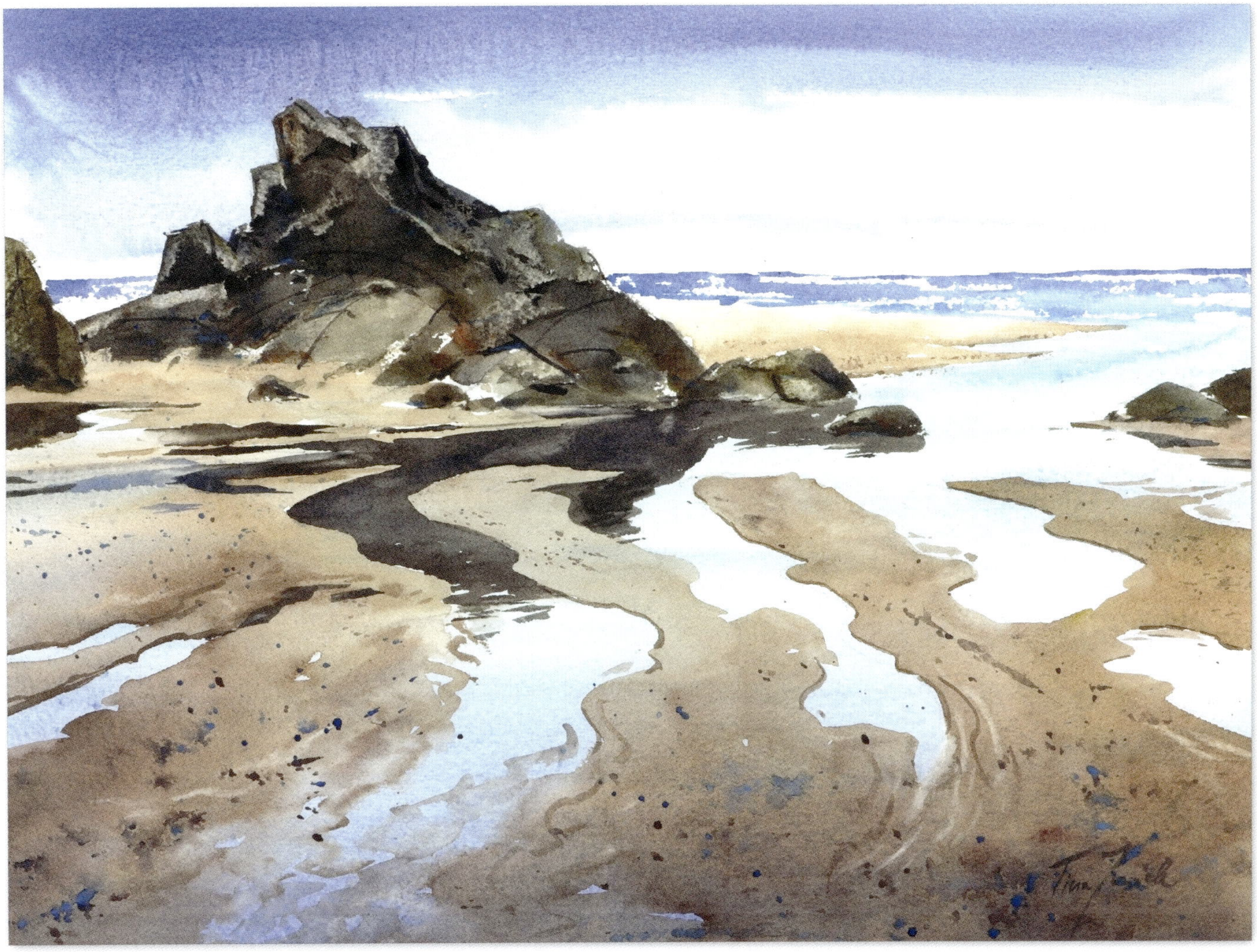



### Fertiges Bild

Verwende für die Spiegelung dieselben Farben wie für die Steine. Stelle dir vor, den Stein an der Stelle, an der er auf dem Sand sitzt, nach vorne umzuklappen. So lange ist etwa die Spiegelung. Indem du die dunkle Spiegelung malst, erscheinen die Sandflächen als hellere Formen. Lasse die Spiegelung in den Pfützen locker auslaufen, das deutet Bewegung im Wasser an und wirkt malerischer.

Ziehe mit dem Schlepperpinsel ein paar Spalten in die Steine. Eine dünne Linie an den oberen Kanten der Pfützen verstärken sie noch ein wenig. Die Spritzer im Vordergrund lockern die Sandfläche auf. Der Betrachter entscheidet, ob er darin Muscheln, Steinchen oder Wattwürmer sehen möchte. Wenn du deinem Aquarell eine persönliche Note geben möchtest, bringe noch etwas Eigenes, wie ein paar Möwen oder ein verliebtes Pärchen, ins Bild. Rechts wäre noch etwas Raum dafür in der Komposition.

# Moro Bay, Kalifornien

**Du brauchst:**

Aquarellpapier Arches Feinkorn, 300 g/m²

Aquarellfarben in
- Französisch Ultramarin
- Alizarin-Karmesin
- Siena gebrannt

Malspachtel

Pinsel s. S. 8



Moro Bay in Kalifornien hat den Namen von Moro Rock, einem großen, gleichmäßig rundlich geformten Stein im Hafen. Als Motiv ist Moro Rock langweilig, deshalb ist er in diesem Bild nur angeschnitten und die beiden Boote wurden zu den Hauptdarstellern. Bilder, die ich direkt vor Ort an der Staffelei male, werden meist freier und spontaner als die Studio-Arbeiten. Wenn die Sonne scheint und ein Wind geht, trocknet die Farbe besonders schnell; da ist ein flotter Pinselstrich gefragt.

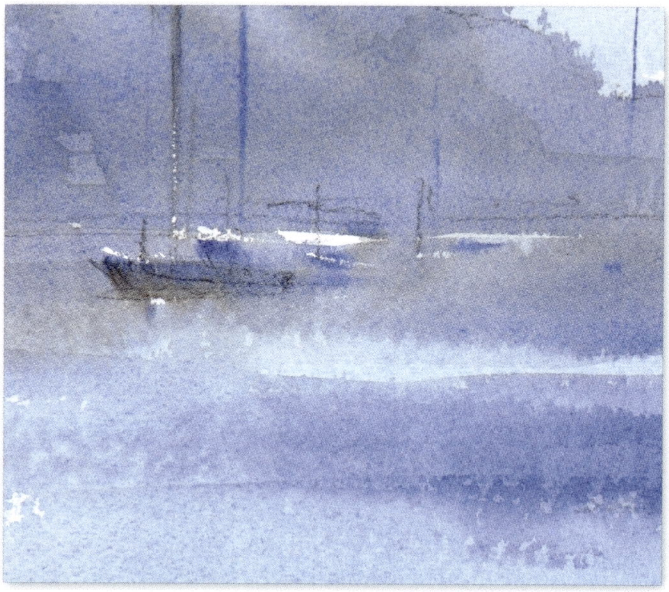

**Ausschnitt 1**
Die hinteren Boote sind sehr reduziert mit pastoser Farbe aufs feuchte Papier gemalt. Harte Ränder kommen nach vorne, weiche Ränder geben die Illusion von Distanz.
Der Übergang vom Wasser zum Stein ist fließend und hat an dieser Stelle auch den gleichen Tonwert, um nicht hervorzutreten. Bis auf den Mast sind die Highlights Freigelassenes, also das Weiß des Papiers.

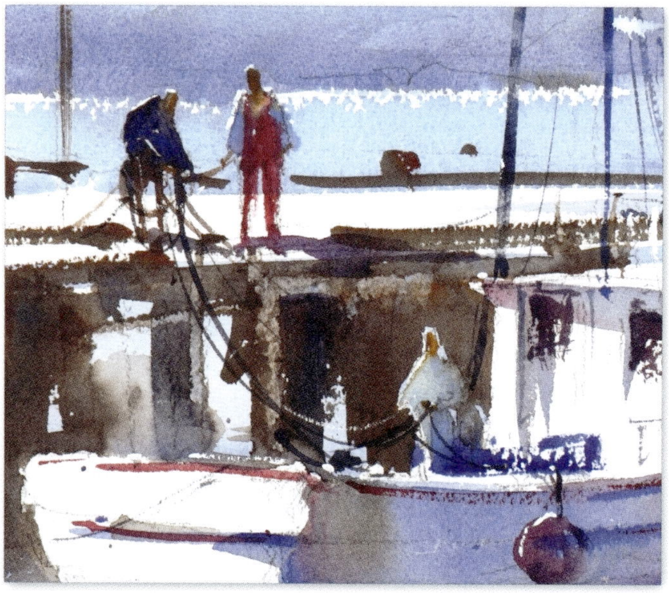

**Ausschnitt 2**
Hier sieht man im Hintergrund zum Berg hin die Trockenstruktur des Pinsels, die das Wasser glitzern lässt. Die drei Fischer geben dem Bild eine Geschichte, und sofort wirkt alles viel lebendiger. Die beiden Fischer oben heben sich dunkel gekleidet vor dem helleren Hintergrund ab, und der Fischer unten steht mit seiner hellen Kleidung vor den dunkleren Pfosten.

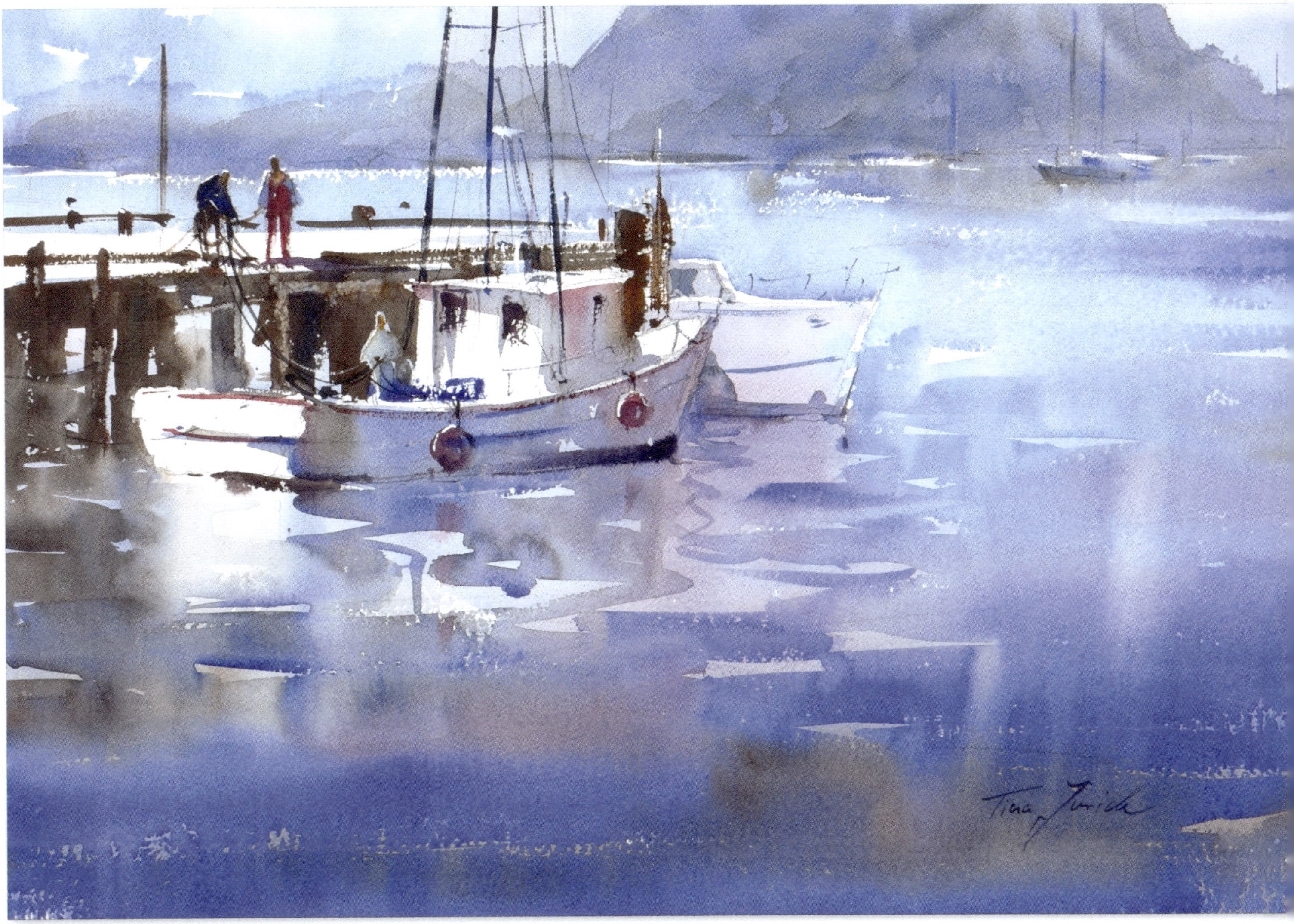

**Vorgehensweise**

In diesem Aquarell dominiert eindeutig die Farbe Französisch Ultramarin. Begonnen wurde mit einem hellen Himmel. Das Ultramarin wurde dann in die Wasserfläche gezogen, wobei die Oberseite des Steges und die weißen Boote ausgespart wurden. Die Farbe für den Berg ist Französisch Ultramarin, das mit etwas Siena gebrannt abgetönt wurde. Dieselbe Farbe setzt sich in der Wasserfläche rechts fort. Es folgen die Schatten der Boote in Französisch Ultramarin und Alizarin-Karmesin, die sogleich auch in die Spiegelung ins Wasser gezogen werden. Mit großem Pinsel und mutigen Pinselschwüngen wird die Spiegelung mit der Dunkelheit unten im Bild verbunden. Französisch Ultramarin und Siena gebrannt bilden ein lebendiges Braun als dunklen Hintergrund für das weiße Boot. Zuletzt kommen die Details: die drei Fischer, die Masten der Boote, die Fender, zusätzliche Pfosten und die Seile.

**Tipp:** Dekoriere nicht den Kuchen, solange er noch im Ofen ist! Übersetzt auf die Malerei heißt das: Male zuerst die großen Flächen deiner Komposition und platziere die **Details möglichst erst am Schluss**. Auch wenn es Spaß macht, übertreibe nicht mit der Dekoration.

# Boote in Essaouira, Marokko

**Du brauchst:**

Aquarellpapier Arches Feinkorn, 300 g/m²

Aquarellfarben in
- Preußischblau
- Phthalogrün
- Lasurorange
- Alizarin-Karmesin
- Titanweiß

Pinsel s. S. 8

evtl. Maskierflüssigkeit



Boote in ihren unterschiedlichen Formen und Positionen zu malen, ist eine besondere Herausforderung. Um die Form eines Bootes richtig zu erfassen, hilft es, auch die negativen Formen neben und in einem Boot zu sehen.
Zum Glück bewegen sich die Boote auf einem Foto nicht, das macht das Zeichnen einfacher. Direkt vor Ort ist es schon eine Herausforderung, wenn die Boote ordentlich hin und her schaukeln.

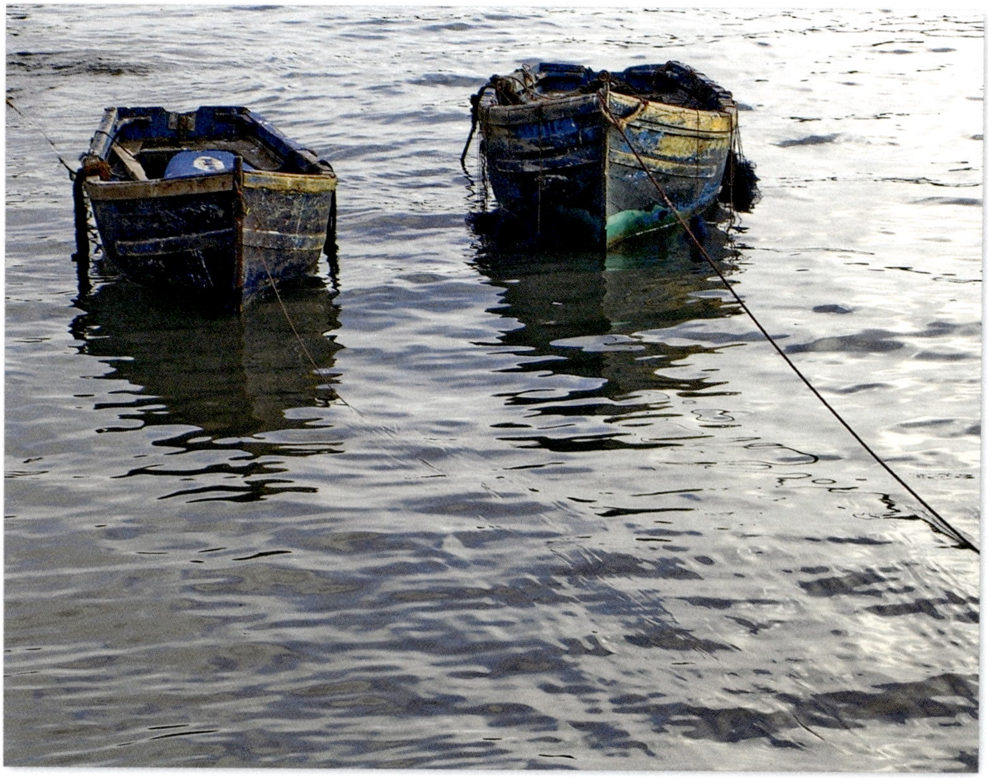

### Motiv-Vorlage

Male nicht, was du denkst, das du siehst, sondern sieh genau hin. Dann geben dir deine Augen alle Informationen, die du brauchst, damit deine Hand die Boote gut zeichnen kann.
Sieh dir bewusst den Innenraum der beiden Boote an. Der Innenraum ist sehr schmal. Vergleiche die Spitze des Bugs (vorne) mit dem Ende des Hecks (hinten). Die Spitze des rechten Bootes berührt in dieser perspektivischen Ansicht fast das Heck und sitzt mittig. In das linke Boot hat man etwas mehr Einblick und der Bug ist zum Heck nach rechts versetzt.
Die Grundform der Boote sollte in sich stimmig sein, damit sie nicht untergehen. Seile, Fender oder was auch immer du ans Boot hängen möchtest, darf variieren.

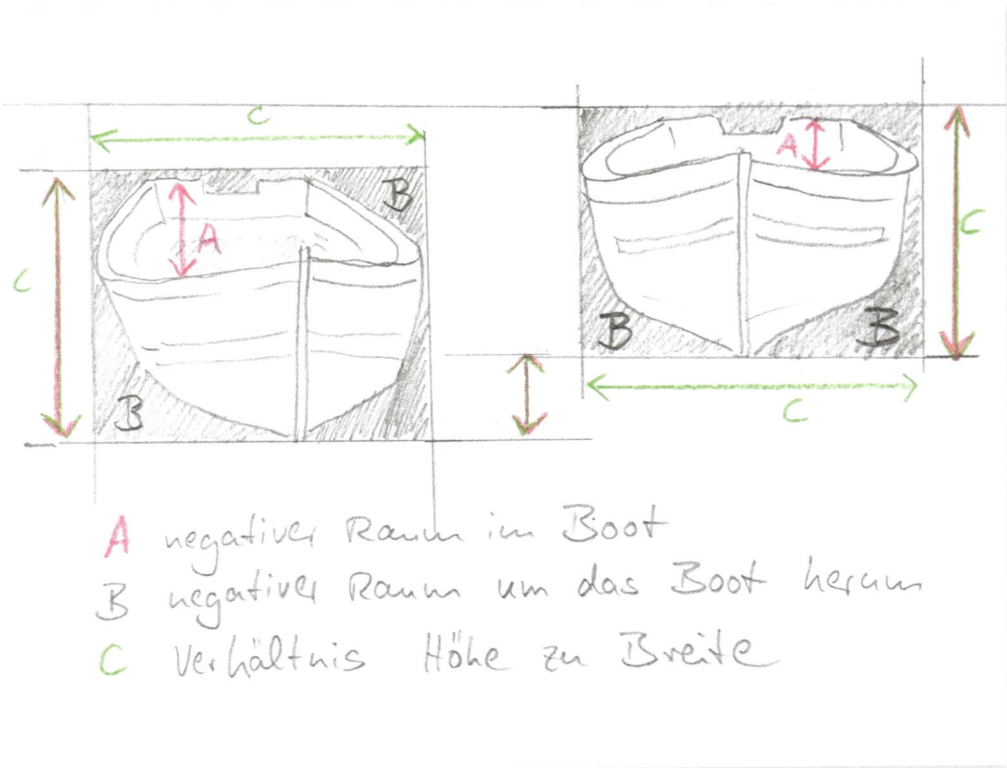


**1. Schritt**

Fertige eine Tonwertskizze an und mache dich mit den Formen der Boote vertraut, bevor du sie auf dein Aquarellpapier überträgst. Um die Form besser zu erfassen, lege eine Plastikfolie auf das Foto und zeichne die Boote mit einem wasserlöslichen Stift nach. Lege die Folie dann auf eine weiße Unterlage. Dein Gehirn kann die reduzierten Formen viel einfacher verarbeiten als das Bild mit allen Details. Überlege dir vorher, wie du die relativ große Fläche des Wassers interessant gestalten kannst, damit es für den Betrachter spannend bleibt.



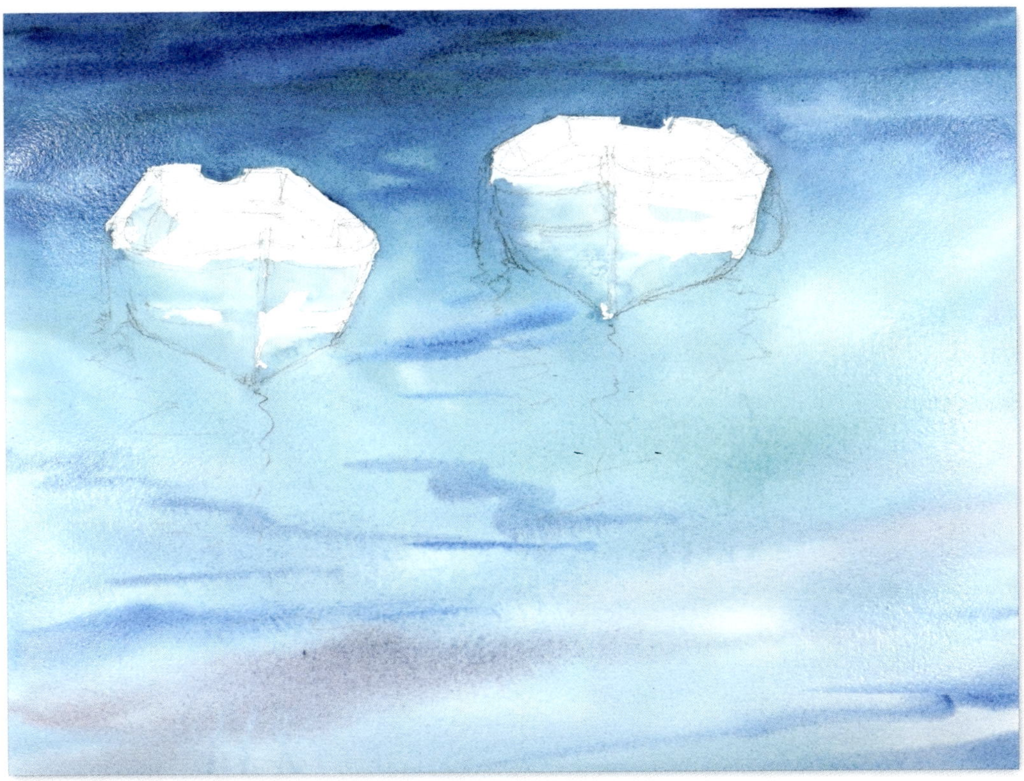

**2. Schritt**

Es ist einfacher, das Wasser zu malen, wenn du die hellen Stellen auf dem Boot vorher mit Maskierflüssigkeit abdeckst. Oder du bist mutig und legst gleich so los. Feuchte die komplette Wasserfläche an. Wenn du keine Maskierflüssigkeit verwendest, spare das Innere und die obere Kante der Boote aus. Beginne oben mit einer kräftigeren Mischung aus Preußischblau, Phthalogrün und Alizarin-Karmesin und werde nach unten heller. Ziehe hier und da ein paar dunklere Pinselschwünge in die noch feuchte Farbe.

**3. Schritt**
Male mit Lasurorange die oberen Bretter ans Boot und die Verzierungsbalken in der Mitte. Die inneren Bretter werden in Preußischblau angelegt. An den Rumpf kommt etwas Phthalogrün. Die Seile sind eine Mischung aus Lasurorange und Blau. Ziehe nun mit Preußischblau und Alizarin-Karmesin einige weitere Wellen in die Wasserfläche. Die harten Ränder, die diese nun auf der trockenen Fläche bilden, schaffen die Harmonie mit den scharfkantigen Booten. Nur hier und da etwas an lösen.

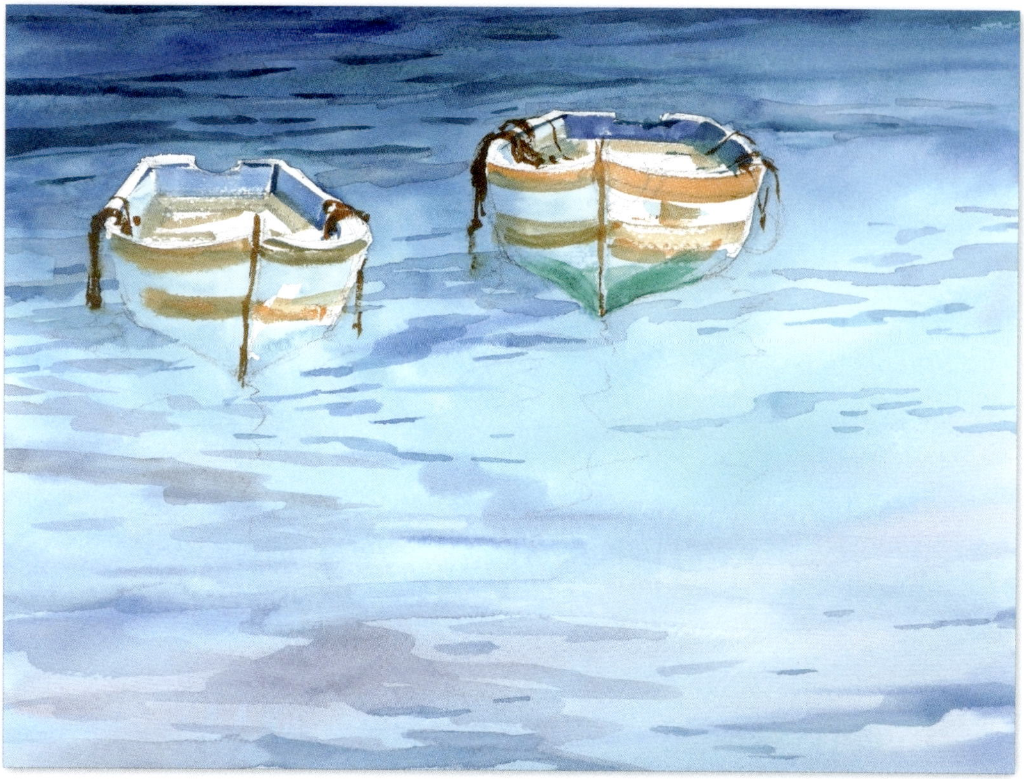



**4. Schritt**
Lege Preußischblau zwischen die orangefarbenen Balken, auf der Sonnenseite rechts heller und auf der Schattenseite links dunkler. Mische für die Spiegelung Preußischblau mit Phthalogrün. Beginne am Boot und ziehe die Spiegelung in seiner Breite nach unten, am besten mit dem Flachpinsel und in horizontalen Schwüngen. Lasse die Spiegelung spitz zu- und locker auslaufen. Auf der Sonnenseite etwas feuchte Farbe mit einem Küchenpapier oder Maltuch aufsaugen. Der Bug trennt Sonnen- und Schattenseite voneinander.

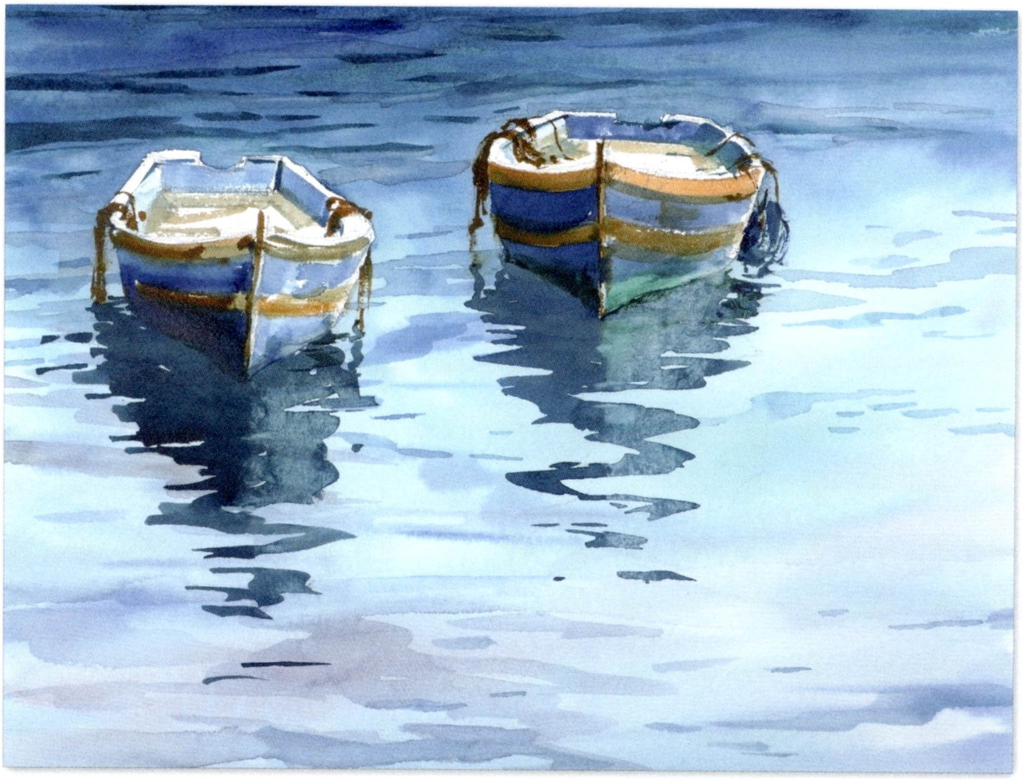

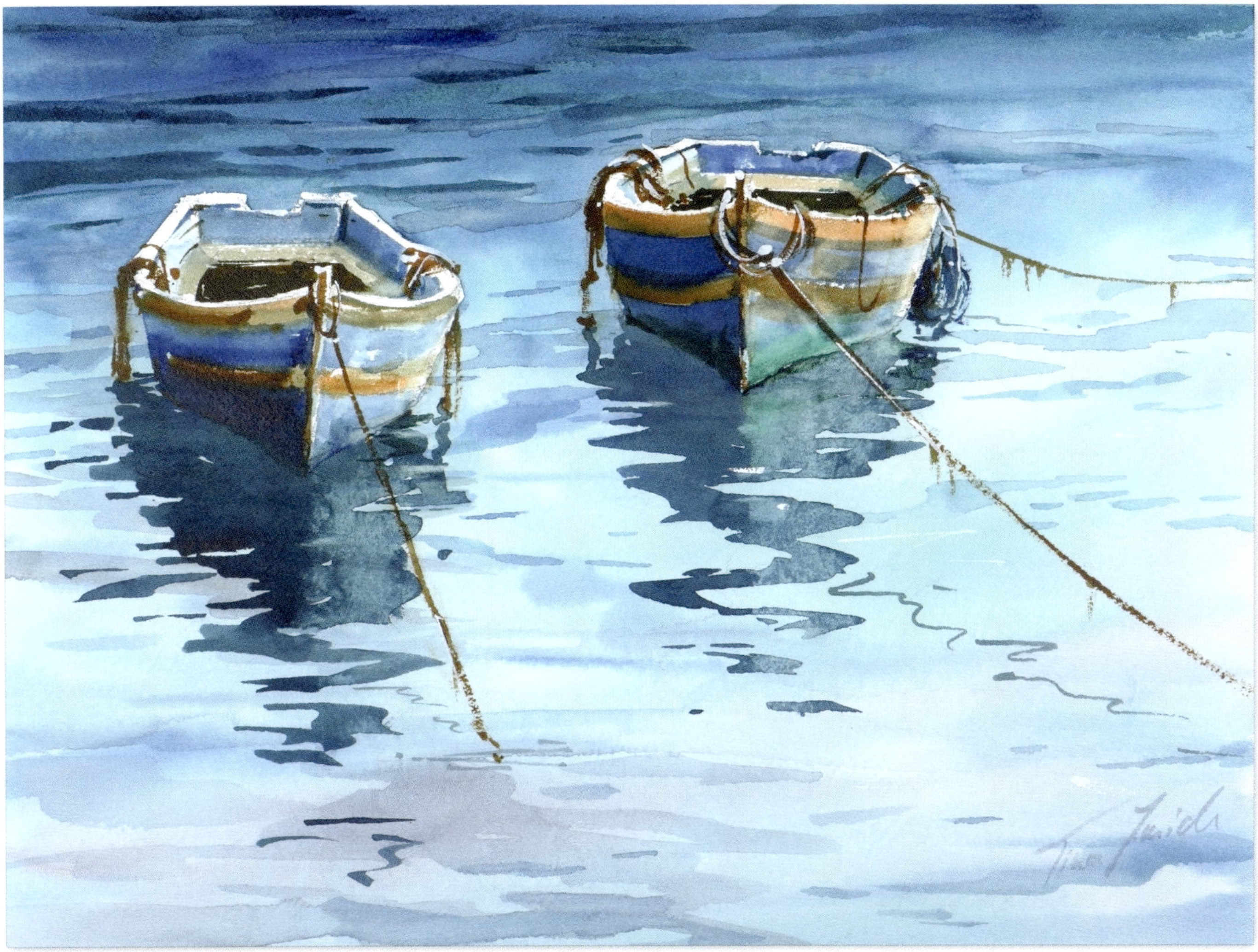



### Fertiges Bild

Eine dunkle Mischung aus Lasurorange und Preußischblau bildet die Vertiefung in den beiden Booten. Lasurorange ist auch die passende Farbe für die Seile, mit denen die Boote vertäut sind. Achte darauf, dass sie nicht aus den Ecken herauslaufen und jedes der Seile eine andere Richtung einschlägt.
Prüfe, ob du noch zusätzliche Wellen im Wasser andeuten musst oder ob die Fläche bereits spannend genug gestaltet ist.
Falls du im Eifer des Gefechtes die Highlights auf den Booten übermalt hast, kannst du nun mit Titandeckweiß direkt aus der Tube einige Akzente setzen und entsprechend korrigieren.

**Tipp:** Die **Spiegelung** eines einzelnen Bootes wird sehr harmonisch, wenn sich die Eigenfarbe des Bootes darin wiederfindet. Malt man die Spiegelungen von sehr vielen Booten und eventuell noch Gebäuden dazu, kann man eine einheitliche Farbe für alle Spiegelungen wählen.

# Ruhiges Plätschern

## Du brauchst:

Aquarellpapier Arches Feinkorn, 300 $g/m^2$

Aquarellfarben in
- Kadmiumgelb
- Siena gebrannt
- Französisch Ultramarin

Pinsel s. S. 8

Cuttermesser

Malspachtel

Der Blick geht hier gegen das Licht, und die Sonne glitzert auf dem Wasser. Die Berge im Hintergrund rechts sind fast vollständig im Schatten und erscheinen bläulich. Bei den Büschen wechseln sich Helligkeiten und Dunkelheiten ab.
Die Steine unter Wasser sind eine Herausforderung. Hier ist es besser, nur anzudeuten und nicht jeden Stein zu malen. Es braucht die richtige Technik, um die entsprechende Illusion auf Papier darzustellen. Malerei ist immer nur eine Illusion der Realität, und was wir dem Betrachter mitteilen wollen, muss für ihn in lesbaren Symbolen dargestellt werden. Dann sind Bilder über alle Grenzen hinweg universell verständlich.



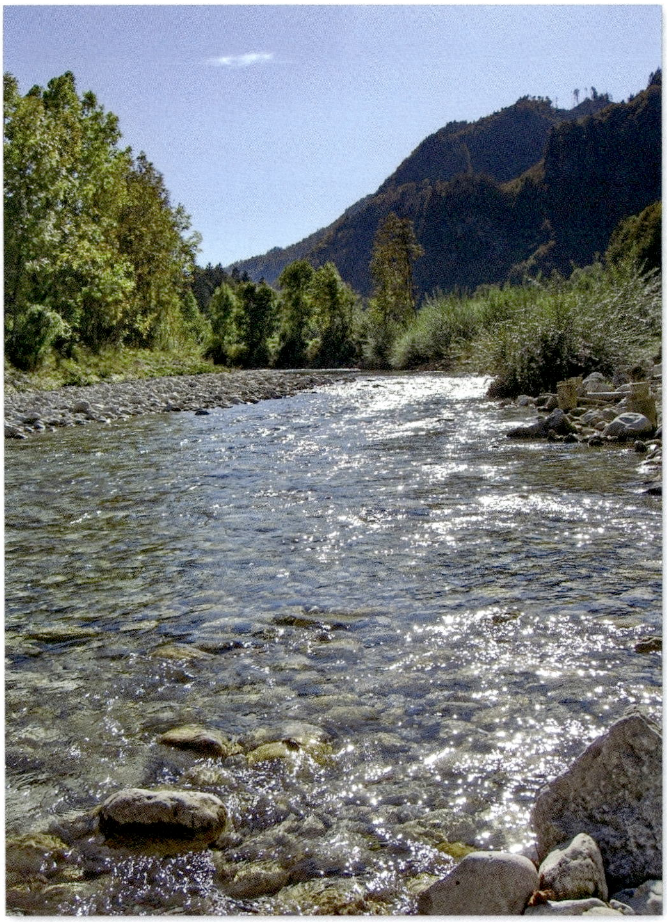

### Motiv-Vorlage

Fertige eine Tonwertskizze vom Motiv an. Das Licht kommt von hinten rechts. Somit sind die Büsche und Bäume rechts und oben heller und im Gegenzug links und unten dunkler. An der Komposition muss kaum etwas verändert werden. Wenn du etwas mehr Leben im Bild möchtest, kannst du einen Fliegenfischer in den Fluss stellen. Die größeren Steine im Vordergrund dürfen etwas weiter ins Bild rutschen. Auch die Steine sind oben heller und unten dunkler. Der Horizont sitzt im oberen Drittel. Würde er in der Mitte sitzen, wäre die Spannung im Bild verloren.

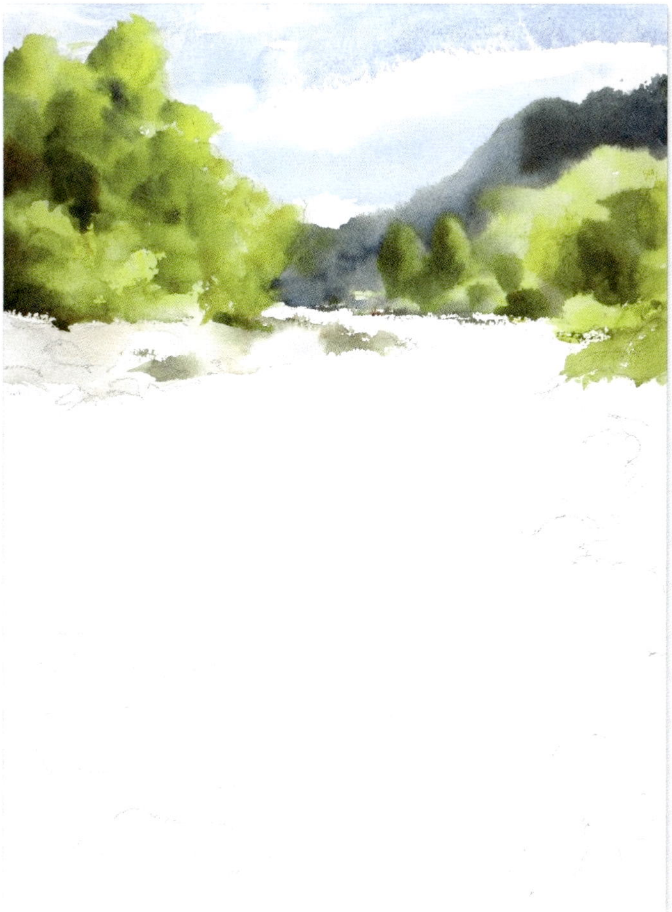

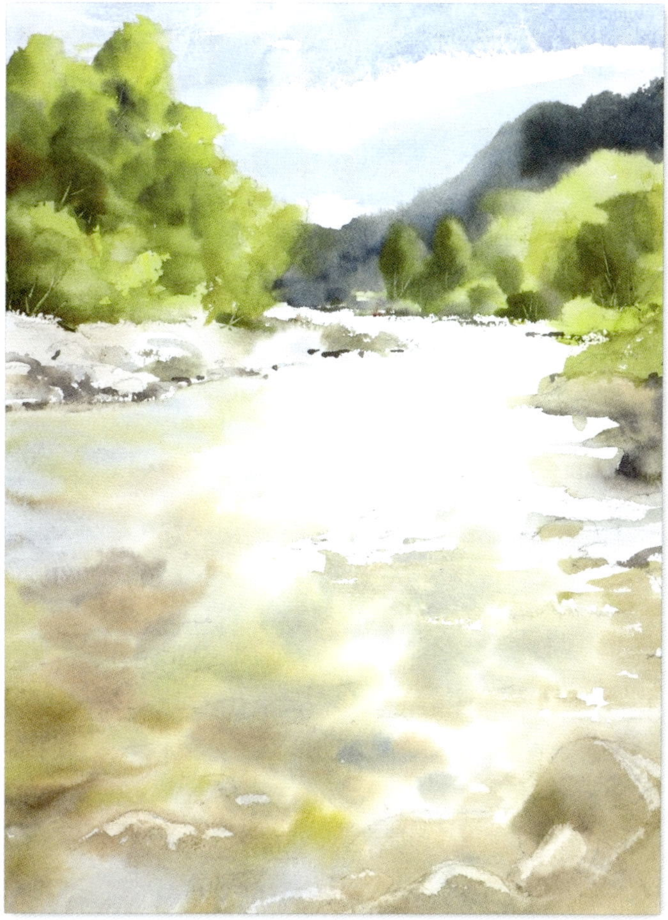



**1. Schritt**

Lege den Himmel mit einer dünnen Lavur Französisch Ultramarin an.

Mische dann zunächst ein helles Grün aus Französisch Ultramarin und Kadmiumgelb und male damit links und rechts die Büsche. Nimm dann mehr Pigment in deinen Pinsel, kaum Wasser und etwas mehr Blau, vielleicht sogar etwas Siena gebrannt, und lege die Schattenseite der Büsche auf das noch feuchte Papier.

Die Sonne kommt von rechts oben, also liegen die Schatten jeweils links unterhalb der Büsche. Für den Berg im Hintergrund ist nur noch wenig Gelb in der Grünmischung, sodass er bläulicher und distanzierter wirkt.

Die linke Baumgruppe sitzt etwas weiter unten als die rechte, da der Fluss dahinter vorbeifließt.

**2. Schritt**

Sollten die dunklen Bereiche der Büsche noch feucht sein, kratze mit der Malspachtel ein paar Stammansätze und Äste hinein. Sind sie zu schnell getrocknet, kannst du das auch später mit dem Cutter tun.

Feuchte nun die vordere Wasserfläche mit klarem Wasser an und lege dann Flecken von Grün, Französisch Ultramarin und Siena gebrannt nebeneinander, sodass sie sich auf dem Papier mischen können. Lasse die Farbe nach oben hin mit klarem Wasser auslaufen, damit ein weicher Übergang ohne harte Ränder entsteht.

Kratze mit der Malspachtel Highlights auf die vorderen Steine. Siena gebrannt und Französisch Ultramarin ergeben ein schönes, variables Grau, mit dem du die Steinkante am Ufer andeutest.

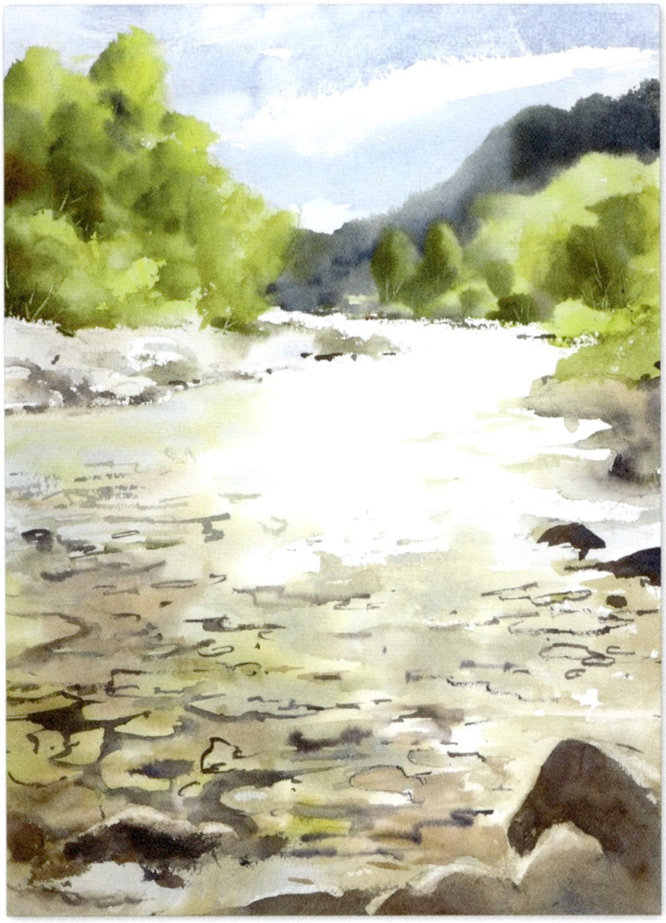

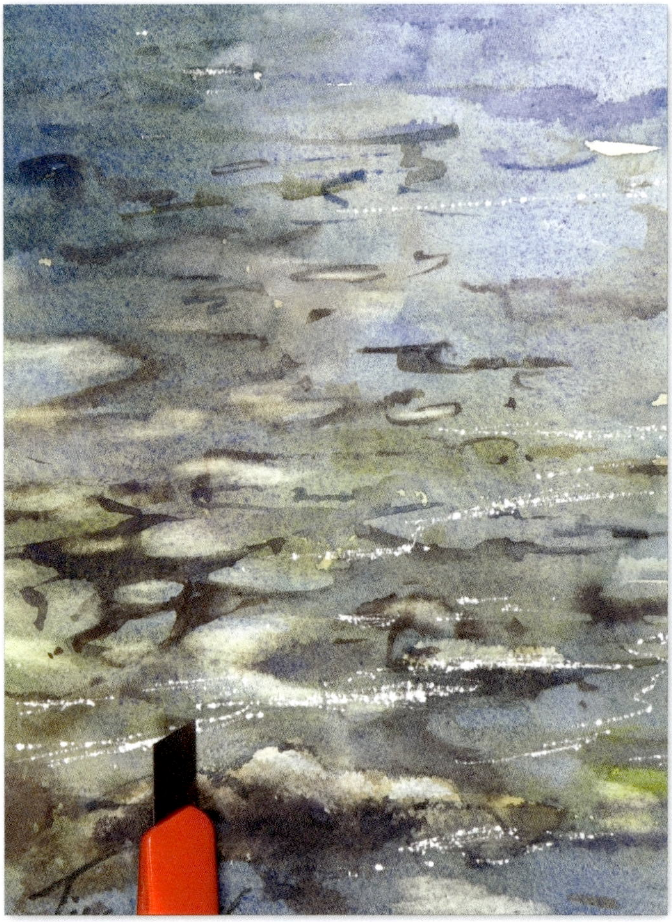



### 3. Schritt

Und mit Andeuten geht es weiter. Male bitte nicht jeden einzelnen Stein, die Fantasie des Betrachters muss auch etwas arbeiten dürfen! Es genügt, wenn du hier und da deutlich machst, um was es sich handelt. Das Auge und die Vorstellung des Betrachters ergänzen den Rest.
Auf diese Weise malst du nun nicht die kleinen Steine selbst, sondern die Dunkelheiten dazwischen. Nur die größeren Steine vorne werden dunkler. Nach hinten werden die Steine kleiner und auch die Abstände zwischen ihnen werden schmäler.
Lasse die Struktur der Steine nach oben ins weiße Papier auslaufen. Bearbeite die Steine hier wieder mit unterschiedlichen Mischungen von Siena gebrannt und Französisch Ultramarin.

### Ausschnitt

Mit dem Cuttermesser kann man gut noch ein paar Highlights setzten, wo es mit der Trockenstruktur nicht geklappt hat. Schabe dafür mit dem Cutter vorsichtig die Farbe von der Oberfläche ab. Aber nicht so stark, dass du das Papier beschädigst. Bevor du den Cutter ansetzt, sollte das Papier ganz trocken sein, sonst entstehen Papierfetzen.
Falls es vorher nicht mit der Malspachtel und den Ästen geklappt hat, kannst du nun auch mit dem Cutter Birken kratzen. Die Äste dafür immer nur ein kleines Stück und nicht bis zur Baumspitze kratzen, da man aus der Distanz nur die dicken Stämme sieht. Eventuell mit dem Borstenpinsel hier und da noch eine Helligkeit auf den Steinen auswaschen.

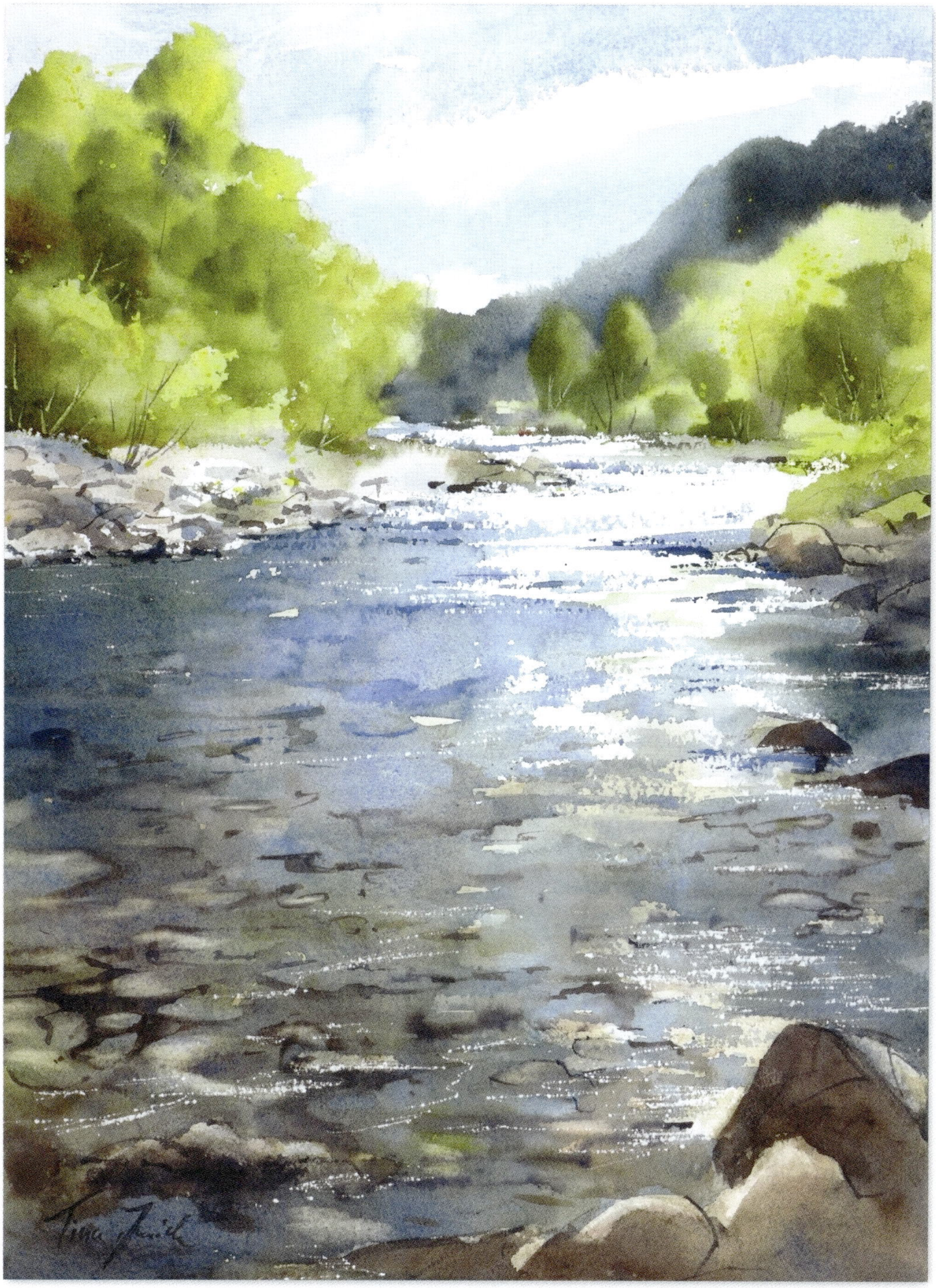

### Fertiges Bild

Mische auf deiner Palette eine ausreichende Menge Französisch Ultramarin mit einem Hauch Siena gebrannt an. Beginne oben mit einem kleinen, trockenen Pinsel mit der Trockenstruktur für das Glitzern des Wassers. Nach unten werden die Pinselstriche geschlossener. Nimm dann einen größeren Pinsel, um die Fläche vollständig mit der blauen Farbe abzudecken. Die Schwierigkeit liegt hier etwas im Wechsel. Du musst fast trocken beginnen und dann immer mehr Wasser und Farbe dazunehmen. Das Arches-Papier hält die Grundfarbe der Steine recht gut fest, allerdings darfst du nicht mehrmals mit dem Pinsel hin und her malen, sonst lösen sich die Steine zu sehr auf.

*Wenn die Leute wüssten, wie hart ich an meiner Meisterschaft gearbeitet habe, dann würde es ihnen nicht mehr zu wundervoll erscheinen.*

Michelangelo

# Gleich gibt's Regen

**Du brauchst:**

Aquarellpapier Arches Feinkorn, 300 g/m²

Aquarellfarben in
- Preußischblau
- Siena gebrannt
- Sepiabraun
- Titanweiß

Malspachtel

Cuttermesser

Pinsel s. S. 8

Die Fotovorlage für dieses Motiv war alles andere als sonnig. Es goss in Strömen und alles war grau in grau. Das Segelboot lag links außerhalb des Bildes und auch die kleineren Paddelboote sind dazu gedichtet. Die Inspiration ging von der maritimen Anmutung mit der alten Hütte aus. In drei Tonwertskizzen habe ich die Komposition ausgearbeitet, und da ich alle drei Skizzen gut fand, gibt es von dem Motiv nun drei verschiedene Aquarelle. Die Figuren beleben die Szene und bilden den Fokuspunkt noch stärker heraus.

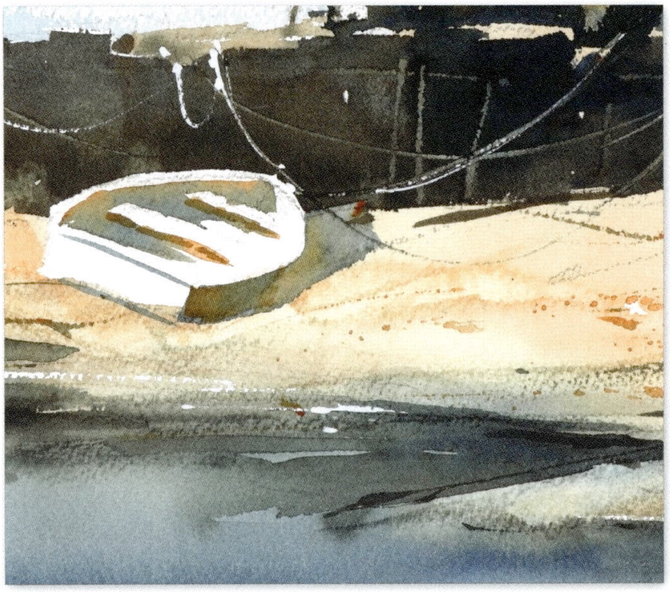

**Ausschnitt 1**
Die Formen der weißen Boote wiederholen das Weiß, das oben beim Glitzern des Wassers stehen geblieben ist, und geben der Komposition so Farbharmonie. Ebenfalls finden sich die Farben des Himmels und des Wassers in den Schatten wieder. Kleinere Helligkeiten brechen die dunklen Formen.

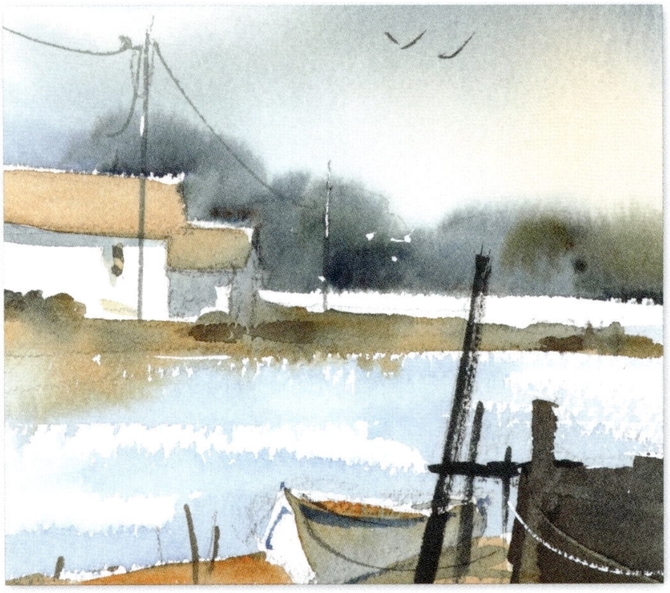

**Ausschnitt 2**
Das Leuchten auf dem hinteren Teil des Wassers wird durch den dunkleren Wald im Hintergrund erzeugt. Die Farbe der Landmasse war noch feucht, als die Trockenstruktur für das Wasser angelegt wurde, und so vermischte sich beides zu einer Spiegelung im Wasser. Diese glücklichen „Unfälle" zu erkennen und stehenzulassen, gehört ebenfalls zum kreativen Prozess.

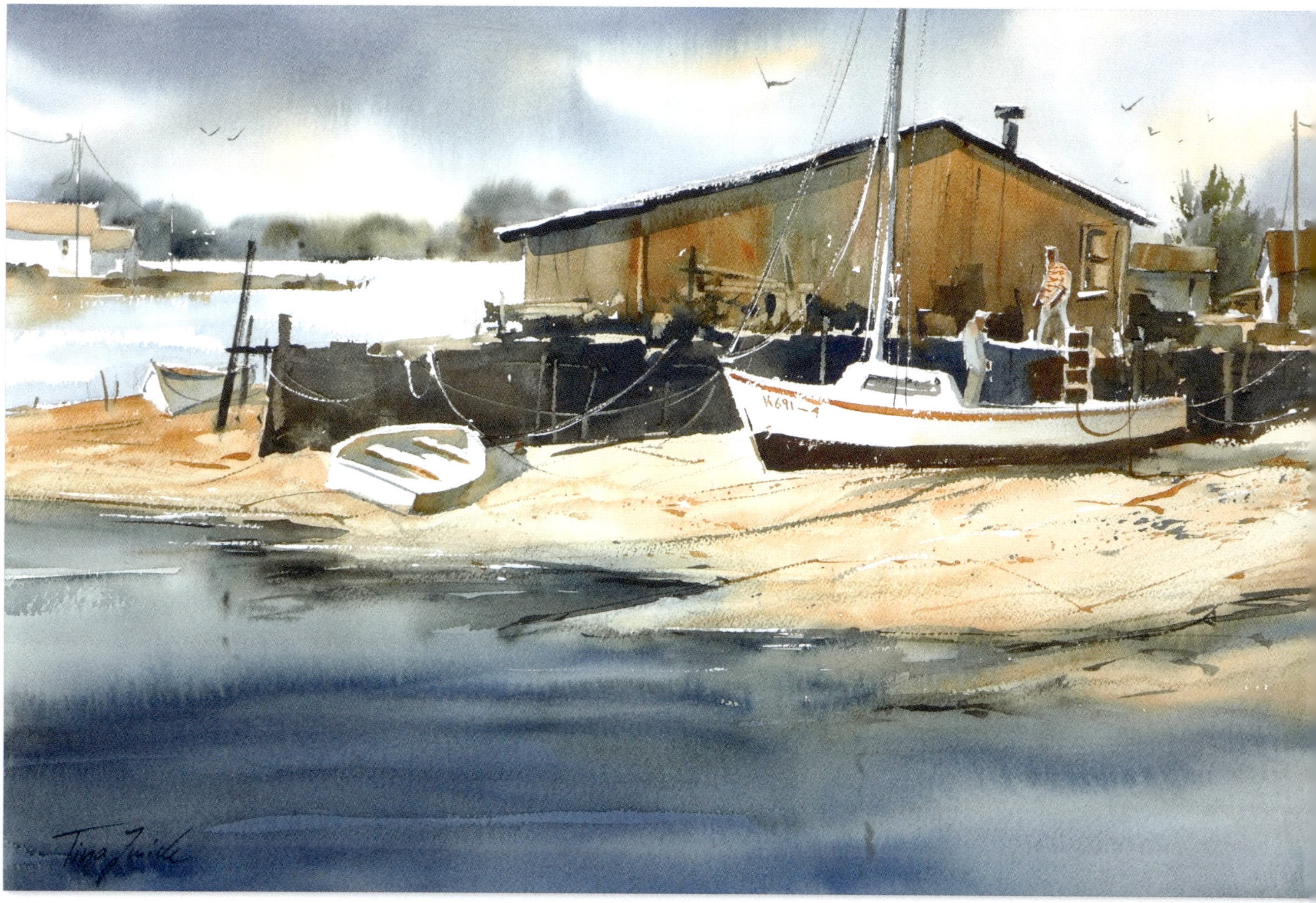

**Vorgehensweise**

Zunächst wurde die Fläche für den Himmel angefeuchtet und etwas Siena natur eingemalt. In das feuchte Papier durften dann Wolken aus Preußischblau mit etwas Sepiabraun laufen. Oberhalb der Wasserkante im Hintergrund wurde die Baumreihe gepflanzt, um das Haus links und um die Fischerhütte rechts gemalt.

Das Wasser wurde mit der Farbe des Himmels in Trockenstruktur bis zum Schlick angedeutet. Dazu wurde zuerst die große, helle Sandfläche mit Siena gebrannt gemalt und dann sofort das Wasser in kräftigem Preußischblau und Sepia von unten her bis zum Sand noch oben gezogen. Ideal ist eine teils harte, teils weiche Kante, die beide Flächen verbindet.

Es folgten die Gebäude und die Kaimauer in einer Variation der drei Farben. Kratzer mit der Malspachtel brechen diese Flächen und ergeben Pfosten und Bretter. Die Boote und die Figuren wurden dabei jeweils negativ ausgespart und ganz zum Schluss mit Details dekoriert. Seile und Takelage entweder mit dem Cutter herauskratzen oder mit Titandeckweiß anlegen.

# Grüße aus St. Peter Ording

**Du brauchst:**

Aquarellpapier Arches Feinkorn, 300 g/m²

Aquarellfarben in
- Siena gebrannt
- Alizarin-Karmesin
- Coelinblau
- Französisch Ultramarin

Malspachtel

Pinsel s. S. 8

St. Peter Ording ist bekannt für seine kilometerlangen Strände und seine Pfahlbauten. Die Weite dort ist wunderschön, und der Himmel scheint noch weiter zu sein als sonst irgendwo. Es gibt nicht viel, das vom Wesentlichen ablenkt.
Mal ist das Wasser da, mal nicht, das hat die Nordsee so an sich. Die Fotografen müssen auf die Flut warten, wir Maler haben es da leichter und brauchen nur etwas Farbe, um das Wasser ins Bild zu zaubern. Es muss nicht jeder Pfahl gemalt werden, und auch den Windschutz mit der Glasfront fand ich nicht sonderlich malerisch. Künstlerische Freiheit ist etwas Wunderbares.



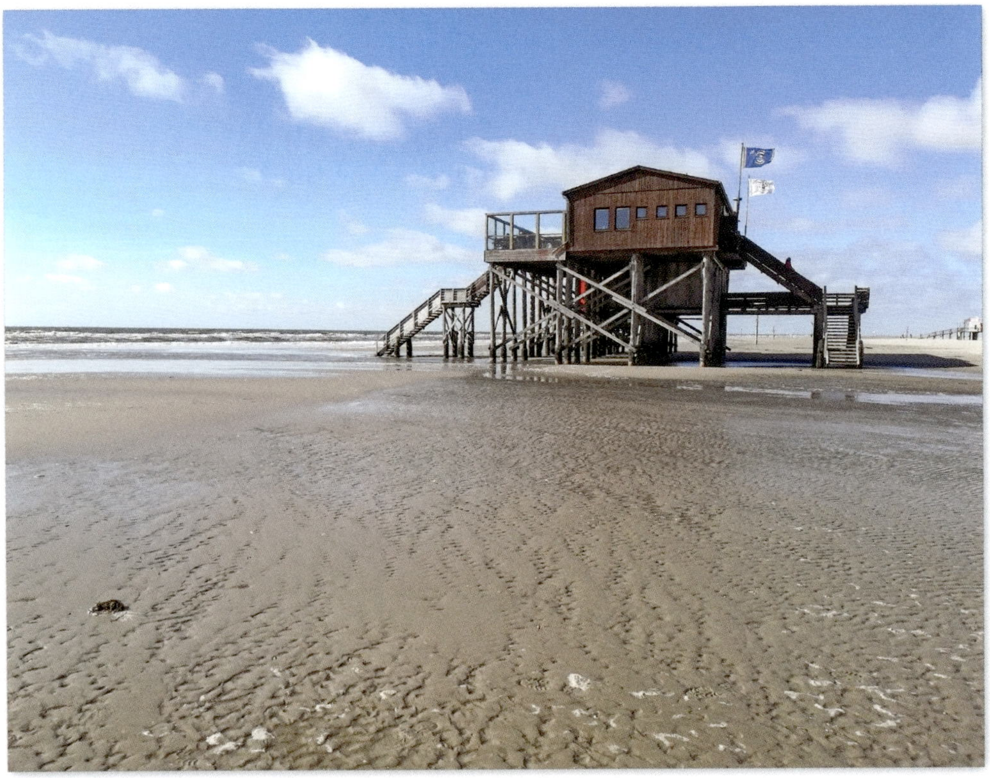

**Motiv-Vorlage**
Um zum Haus hinzuführen, kannst du die Priele entsprechend in die Richtung laufen lassen. Den zweiten Bau hinten rechts könnte man mit ins Bild hineinnehmen, ich habe ihn aber der Einfachheit halber weglassen. Eben nur das Wesentlichste. Du entscheidest, was wichtig für deine Komposition ist, nicht die Motiv-Vorlage.
Wenn du Lust hast, kannst du auch ein paar Spaziergänger über das Watt laufen lassen, dann ändert es die Stimmung und wirkt nicht mehr ganz so einsam.

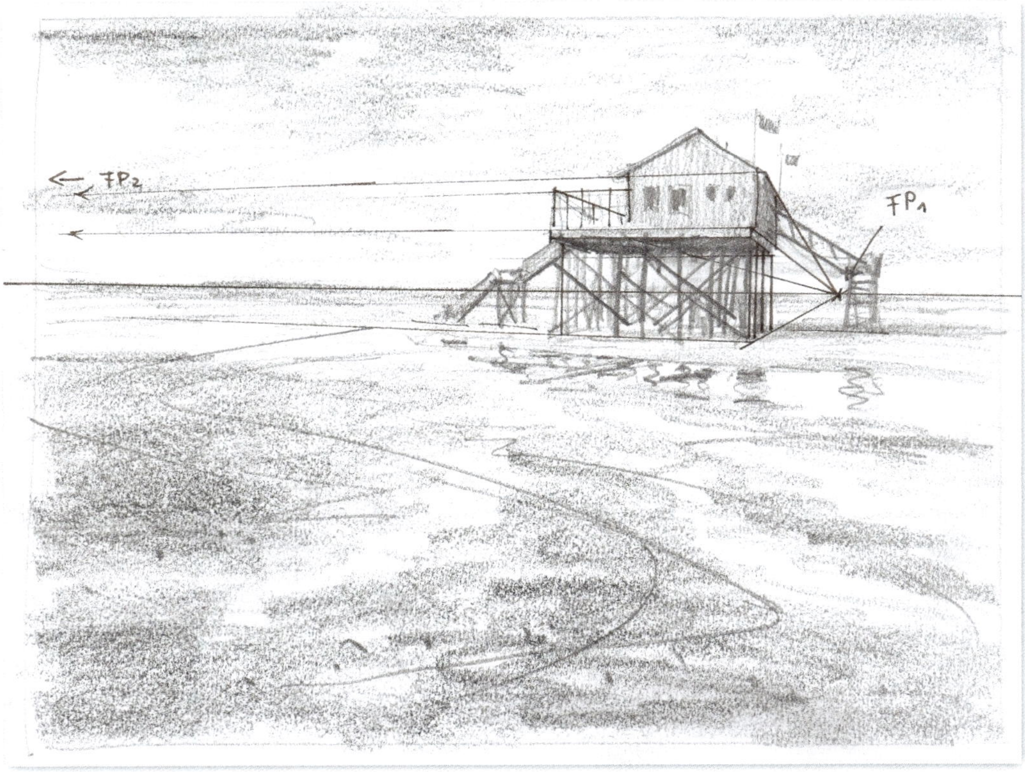


**1. Schritt**
Ein bisschen Perspektive: Fluchtpunkt 1 liegt rechts im Bild und Fluchtpunkt 2 weit links außerhalb des Ausschnitts. Der Blick geht hoch zum Haus, also laufen dessen Fluchtlinien nach unten zu den Fluchtpunkten auf dem Horizont. Unten bei den Pfosten läuft die Linie hinauf zu den Fluchtpunkten, da sie unter dem Horizont im Sand stehen. Die Pfütze vor den Pfählen darf etwas größer werden als auf der Fotovorlage. Variiere auch die anderen Pfützen mit den Sandflächen gut.

**2. Schritt**
Male den Himmel mit Französisch Ultramarin und Coelinblau um die weißen Wolken herum. Jede Wolke sollte eine etwas andere Form bekommen. Auch dürfen die Wolken ins Bild hinein- oder aus dem Bild hinausziehen. Male sie oben mit einer scharfen Kante und löse sie unten weich auslaufend mit klarem Wasser an. Ein Hauch der späteren Strandfarbe (Siena gebrannt und Alizarin-Karmesin) als Wolkenschatten sorgt für die Farbharmonie im Bild. Der Himmel kann dabei über den Horizont laufen.

**3. Schritt**
Ist der Himmel getrocknet, feuchte den unteren Teil mit klarem Wasser an. Lege hier mit dem Blau des Himmels die feuchteren Stellen des Strandes an. Ziehe das Blau nach oben und definiere den Horizont mit einer scharfen, etwas unregelmäßigen Wasserkante. Lasse ab und zu eine weiße Welle stehen. Solltest du dies im Eifer des Gefechtes vergessen, kannst du sie später mit Deckweiß hinzufügen. Mache sofort mit Schritt 4 weiter.

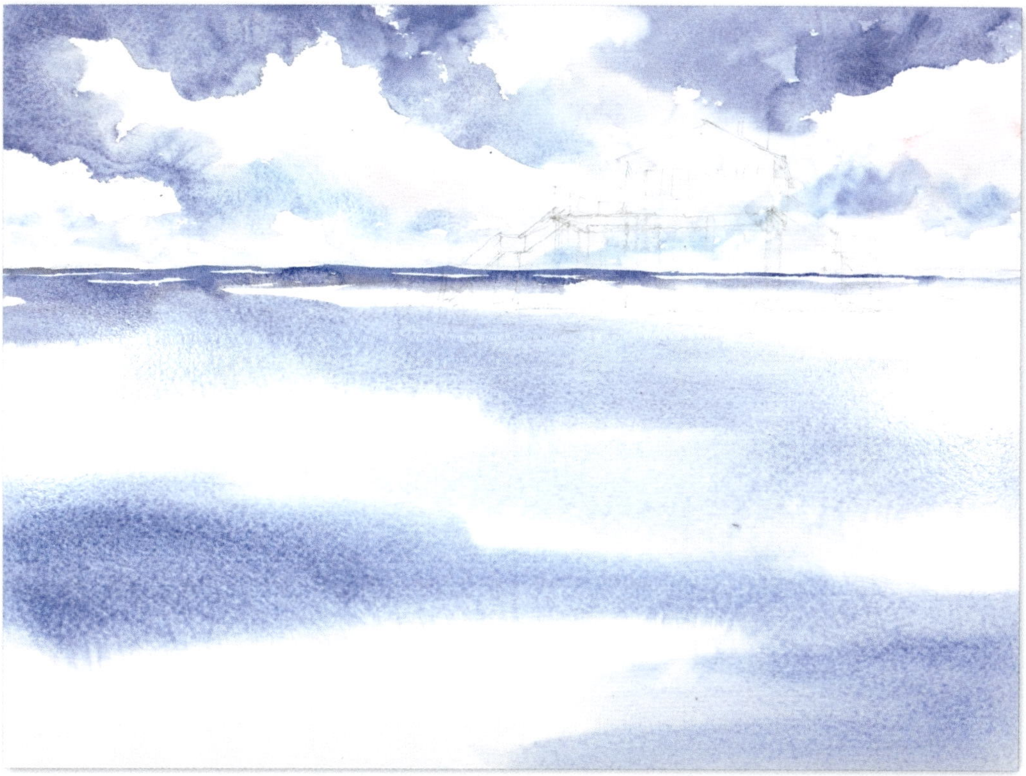



**4. Schritt**
Lege in die noch feuchte Farbe eine Mischung aus Siena gebrannt und Alizarin-Karmesin. Male die bräunlichen Strandflächen zwischen die blauen Wasserflecken. Blau und Braun dürfen sich auf dem Papier nicht vermischen, sonst verlieren die Pfützen ihre Leuchtkraft.
Es bedarf ein wenig Übung, das Nass-in-Nass auf dem Aquarellpapier in den Griff zu bekommen.
Male die Farben etwas dunkler als du sie haben möchtest, da sie beim Trocknen heller werden.

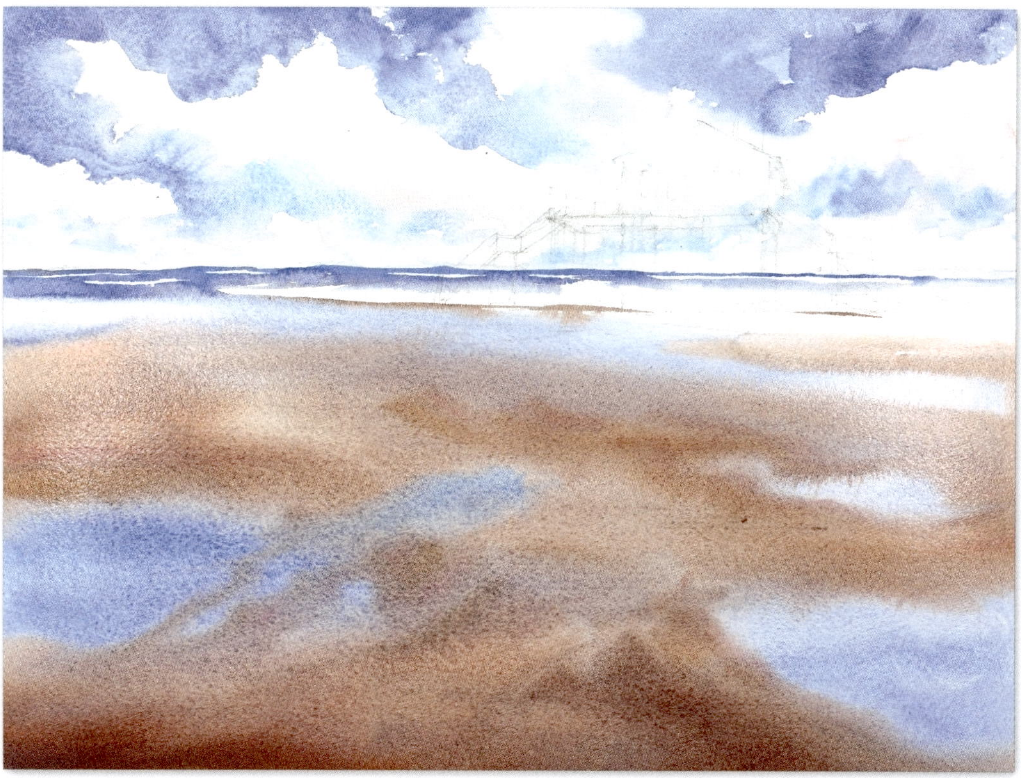

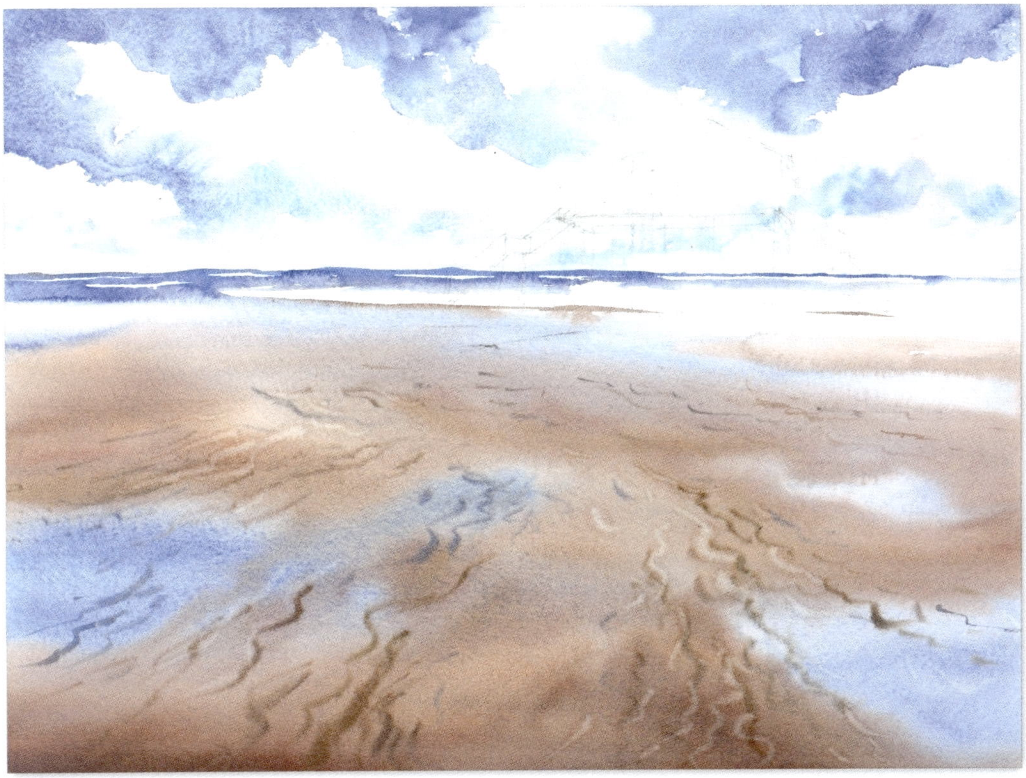

### 5. Schritt

Es geht weiter auf dem noch feuchten Papier. Lege mit dem Schlepperpinsel und pastoser Farbe feine Wellenlinien ins Watt. Mit der Richtung der Linien steuerst du das Auge des Betrachters durch die Komposition zum Bildschwerpunkt. Wenn das Papier den Glanz verliert, nimm nur klares Wasser in den Pinsel und ziehe ebenfalls einige Wellenlinien in die dunkleren Flächen. Durch die feinen Rückläufe entstehen hellere Linien. Die Linien sollen sich nicht kreuzen, sondern parallel zueinander laufen.



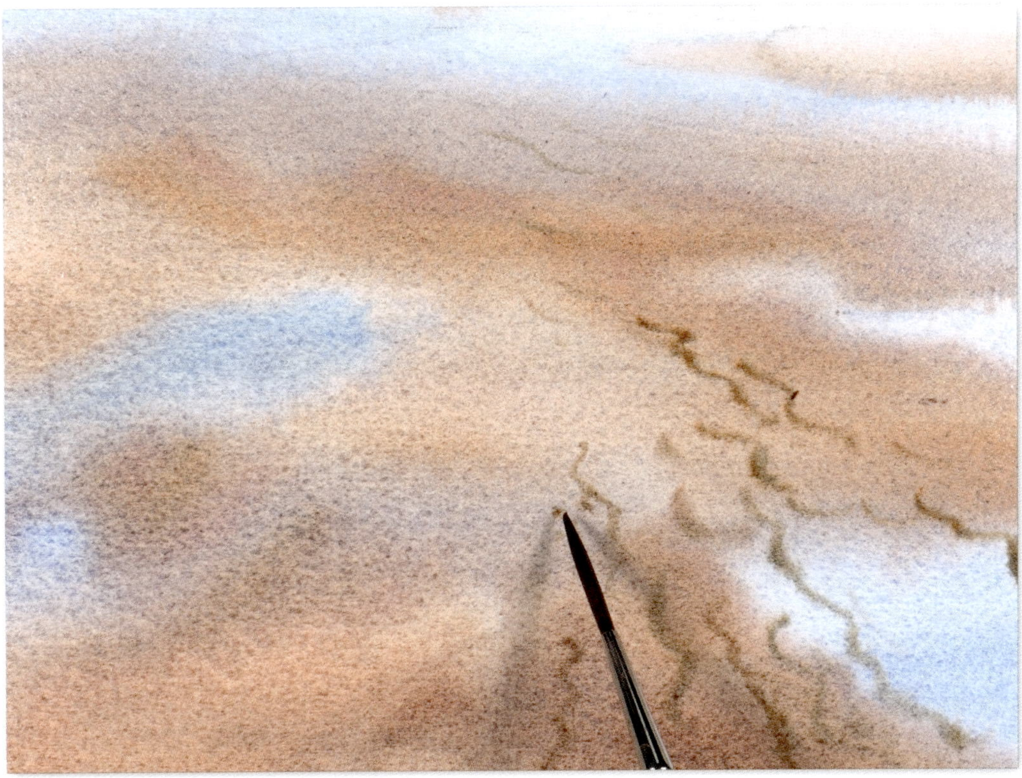

### Ausschnitt

Hier siehst du die Feinheiten der feuchten Fläche: die weichen, dunkleren Wellenlinien sowie die granulierenden Eigenschaften der Pigmente Französisch Ultramarin und Coelinblau. Sollte dir die Fläche zu schnell getrocknet sein, kannst du die Linien auch auf das ganz trockene Papier malen. Nur ergeben die weichen Linien eine bessere Illusion einer feuchten Fläche. Wasser ist nass und weich, und wir brauchen Strukturen und Symbole, um dem Betrachter diese Eigenschaften zu vermitteln.

**6. Schritt**
Das Braun für das Holz entsteht aus einer Mischung des Himmelsblaus und der Sandfarbe. Variiere den Abstand der vertikalen Pfähle. Versuche, sie aus dem Handgelenk mit dem Schlepper locker ins Bild zu pinseln. Eine „Trockenübung“ auf einem separaten Stück Papier gibt dir eventuell mehr Sicherheit im Pinselstrich. Kratze die helleren Querbalken mit der Malspachtel ein. Ist die Hauswand trocken, kannst du ein paar Fenster einsetzen, die Geländer anbringen und die Fahnen hissen.

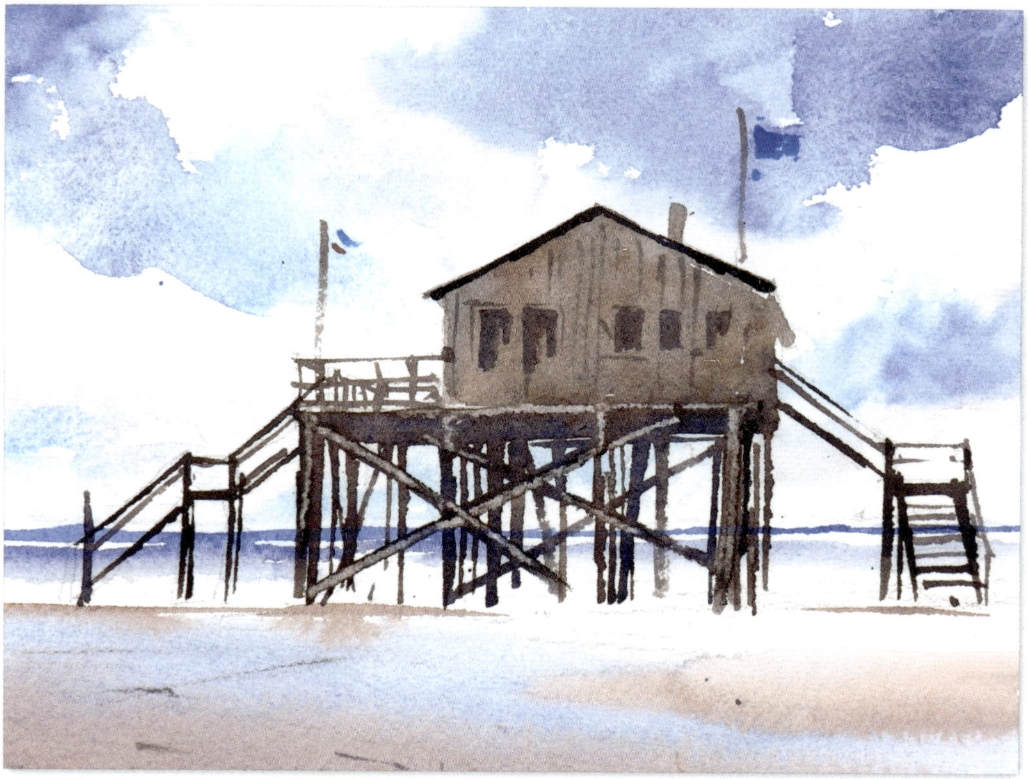



**7. Schritt**
Mische auf der Palette noch etwas pastose Holzfarbe für die Spiegelung an und halte den mit Farbe gefüllten Schlepperpinsel bereit. Feuchte die Pfütze mit klarem Wasser an – nicht zu wenig, aber auch nicht zu viel, sonst fließen die Pfosten weg. Nun mit flottem Pinselstrich die Spiegelung in die feuchte Fläche ziehen, die Sandflächen dabei aussparen. Achte darauf, dass sich die Pfosten von oben ziemlich genau darunter spiegeln, fast wie eine Verlängerung.

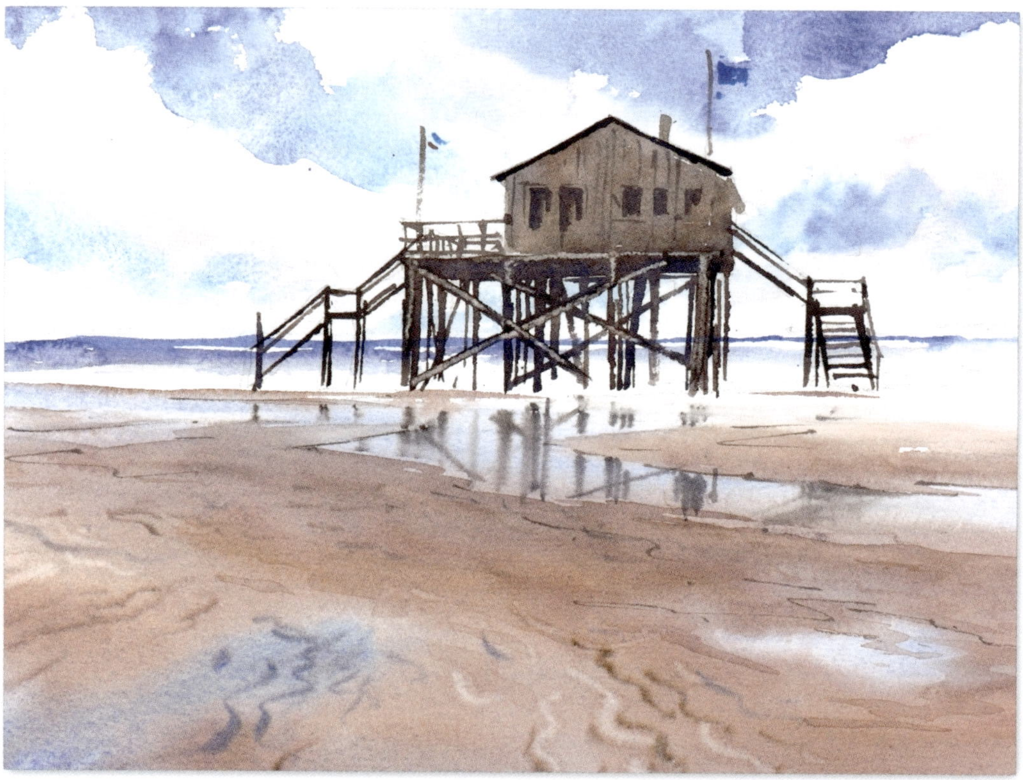

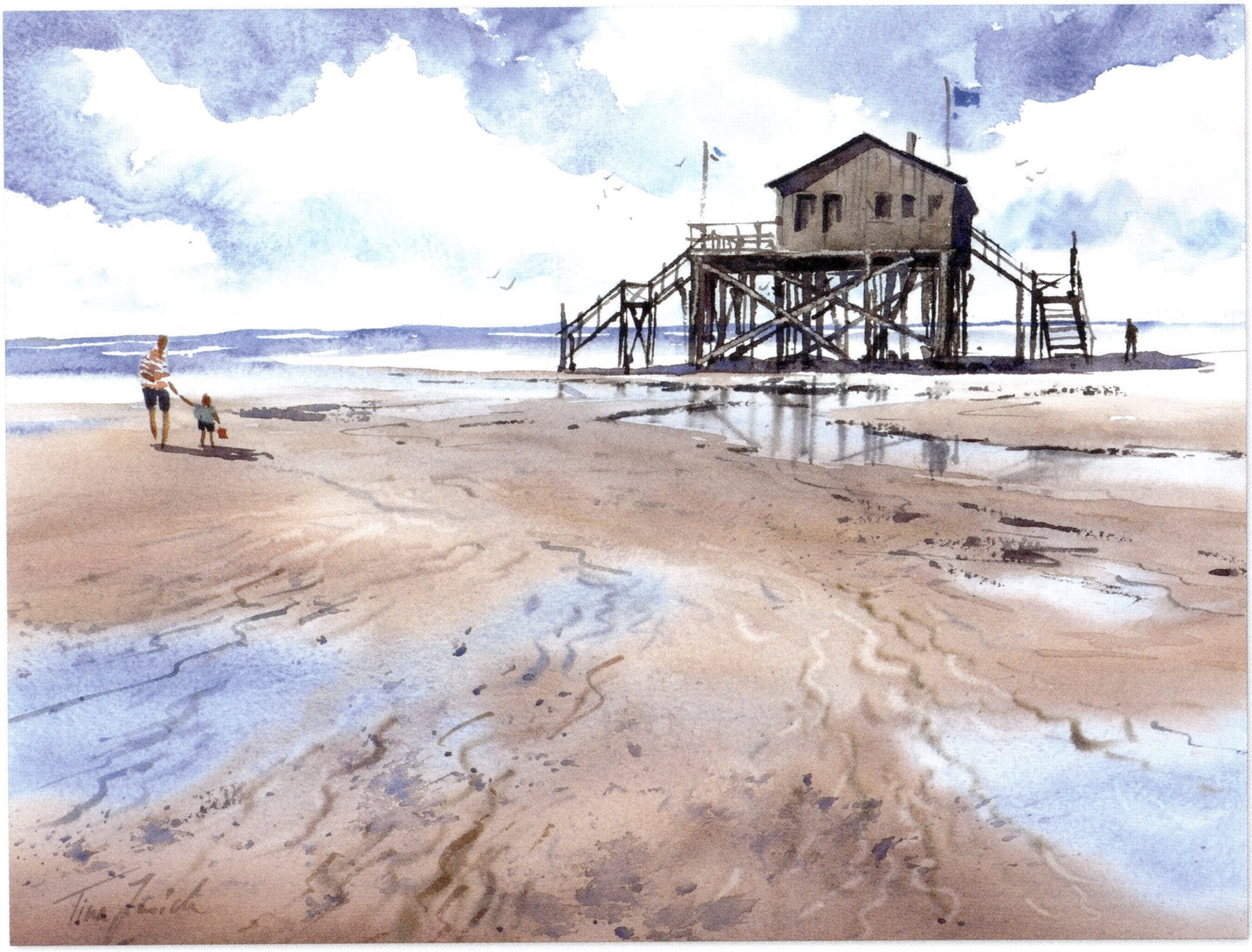



### Fertiges Bild

Die Schatten rechts auf dem Haus, unter dem Dachvorsprung und unterhalb auf dem Strand bringen die Sonne ins Bild. Prüfe jetzt, wie viele Details dein Bild noch brauchen kann. Einige Spritzer in den Vordergrund, hier und dort noch eine Wellenlinie, ein paar dunkle Kanten oben an die Pfützen, noch mehr Pfähle, noch einen Fahnenmast oder ein paar Vögel im Himmel. Kommen Figuren dazu, ändert sich die Geschichte; es kommt mehr Leben ins Bild, und die Größe des Gebäudes wird in ein Verhältnis gesetzt. Allerdings ist mit den Menschen auch die Ruhe weg ...
Was lasse ich weg und was findet den Weg ins Bild? Hier kann jeder Künstler seine eigenen Aussagen treffen und sich selbst einbringen. Bist du unsicher, lasse das Bild ein paar Tage liegen und überlege dann noch einmal.

*Malen ist wie eine Tischrede. Wenn du willst, dass man sich an dich erinnert, sage eine Sache und höre auf.*

Charles Hawthorne

# Zurück vom Fischfang

**Du brauchst:**

Aquarellpapier Arches Feinkorn, 330 g/m²

Aquarellfarben in
- Französisch Ultramarin
- Coelinblau
- Kobalttürkis
- Siena gebrannt

Maskierflüssigkeit

Pinsel s. S. 8

Bei dieser Komposition sehen wir nach links den Strand entlang. Somit folgen die Wellen Fluchtlinien, die zu einem links außerhalb des Bildes liegenden Fluchtpunkt laufen (siehe auch Seite 36, Carmel Beach).
Maskierflüssigkeit kann das Malen, besonders für Anfänger, sehr erleichtern. Man sollte sich gut überlegen, wie man sie aufträgt und welche Struktur nötig ist, um das Kräuseln der Wellen zu beschreiben.

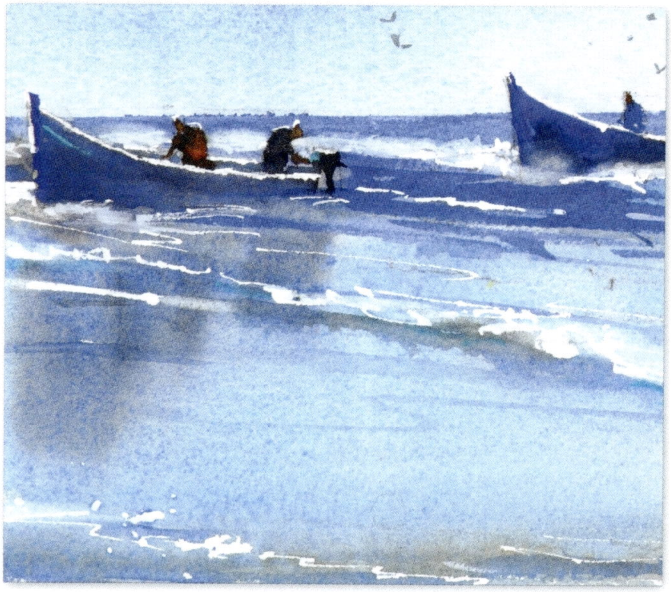

**Ausschnitt 1**
Für die ganz dünnen Linien habe ich die Maskierflüssigkeit mit der Malspachtel aufgetragen. Hier ist es wichtig, die Fluchtlinien der Wellen im Hinterkopf zu behalten. An ein paar Stellen wurden die harten Kanten der Maskierflüssigkeit mit dem Borstenpinsel weich „geschrubbt".

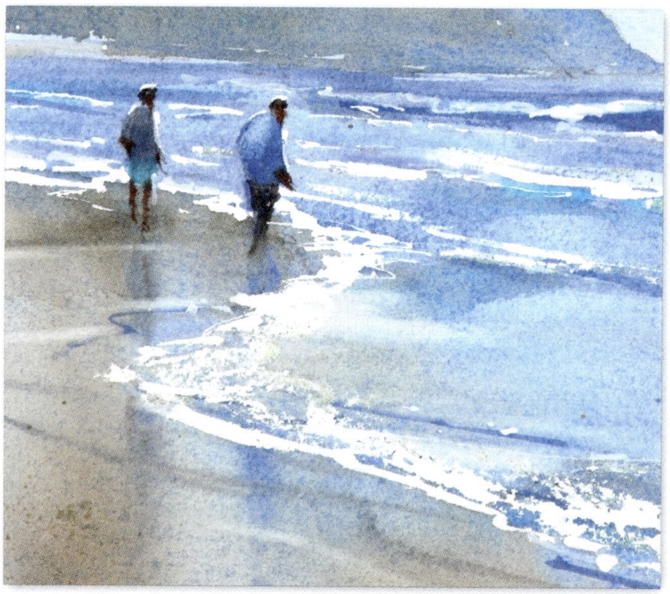

**Ausschnitt 2**
Die Wasserfläche kann man gut mit den drei Blautönen variieren. Alle drei sind granulierende Farben, die zusätzliche Struktur ins Spiel bringen. Der Übergang zum Strand ist fließend und wird nur durch die weißen Schaumkrönchen angedeutet. Die Spiegelung der Figuren lassen den Strand nass erscheinen.

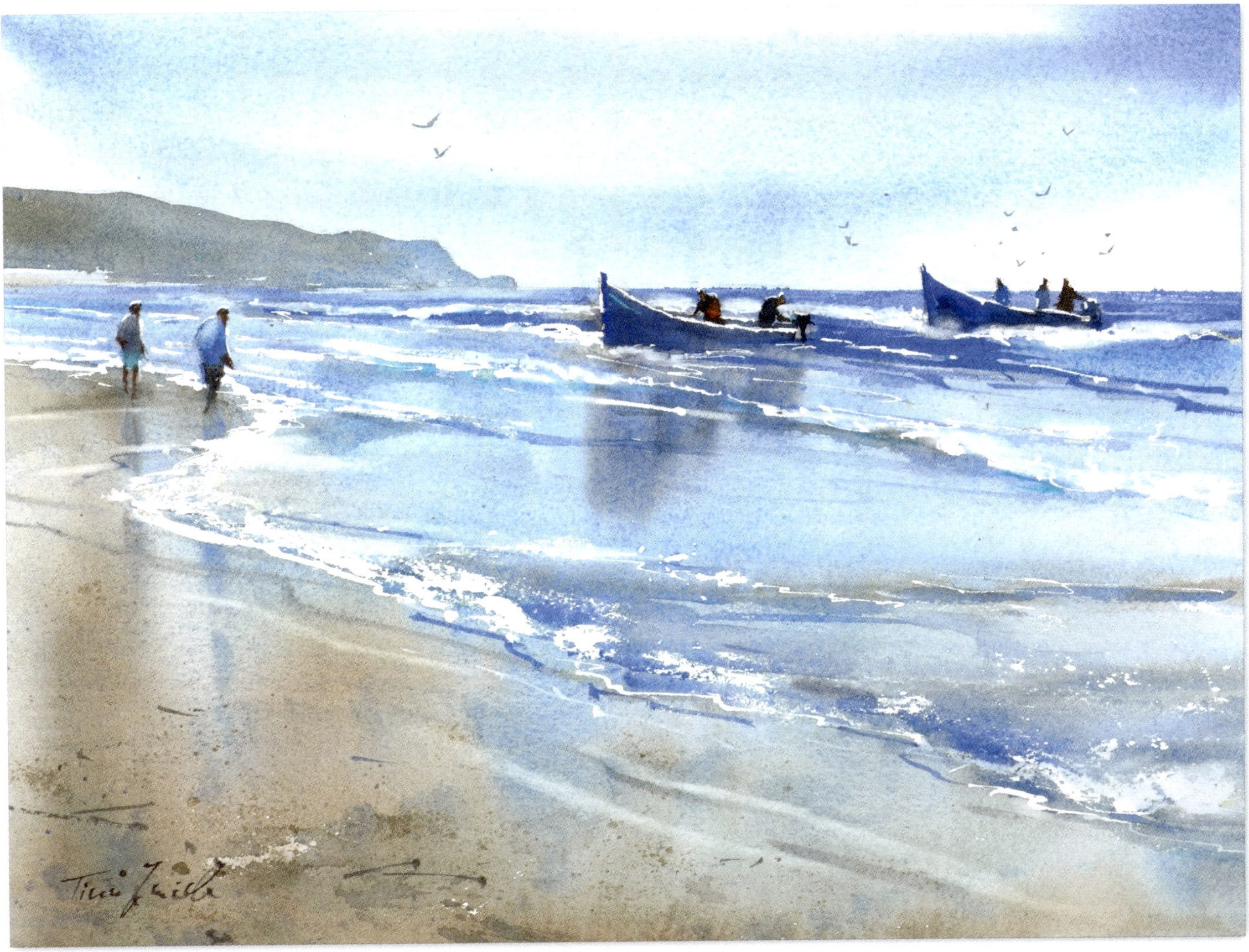



**Vorgehensweise**

Als erstes wurde die Maskierflüssigkeit mit der Malspachtel (dünne Linien) und einem alten Borstenpinsel (breitere, raue Struktur im Vordergrund) aufgetragen. Nach dem Trocknen wurde die Wasserfläche samt Vordergrund angefeuchtet, und die drei Blautöne durften auf dem Papier ineinanderfließen. Oben am Horizont und jeweils unter den abgedeckten Wellen wird die Farbigkeit dunkler. Zum Strand hin wurde mehr Siena gebrannt dazu gemischt. Solange die Farbe feucht ist, wurden die Spiegelungen des vorderen Bootes und der beiden Figuren am Strand mit pastoser Farbe vertikal nach unten gezogen. Dann kamen die Boote mit den Fischern, der Berg im Hintergrund und die Möwen ins Bild.
Erst als alles ganz trocken war, konnte die Maskierflüssigkeit mit den Fingern „abgerubbelt" werden. Zum Schluss wird geprüft, ob das Bild weitere Details oder weichere Ränder an den Wellen braucht.

*Jeder Künstler war einmal ein Anfänger.*

R. W. Emerson

# Brignogan Strand

**Du brauchst:**

Aquarellpapier Arches Feinkorn, 300 g/m²

Aquarellfarben in

- Siena natur
- Siena gebrannt
- Alizarin-Karmesin
- Französisch Ultramarin
- Coelinblau oder Kobalttürkis

Malspachtel

Cutter

Pinsel s. S. 8



Im Norden der Bretagne sind die Sandstrände weiß und das Meer ist türkisfarben. Das Wasser ist frisch, im Spätsommer so um die 17 bis 18 Grad, doch die Bretonen sind hart gesotten und gehen bei jedem Wetter baden. Da der Sand so schön hell und sauber ist, spiegelt das ablaufende Wasser den Himmel wider und hinten sogar einige der Felsen. Die Wellen rollen bedächtig an den Strand der Bucht.

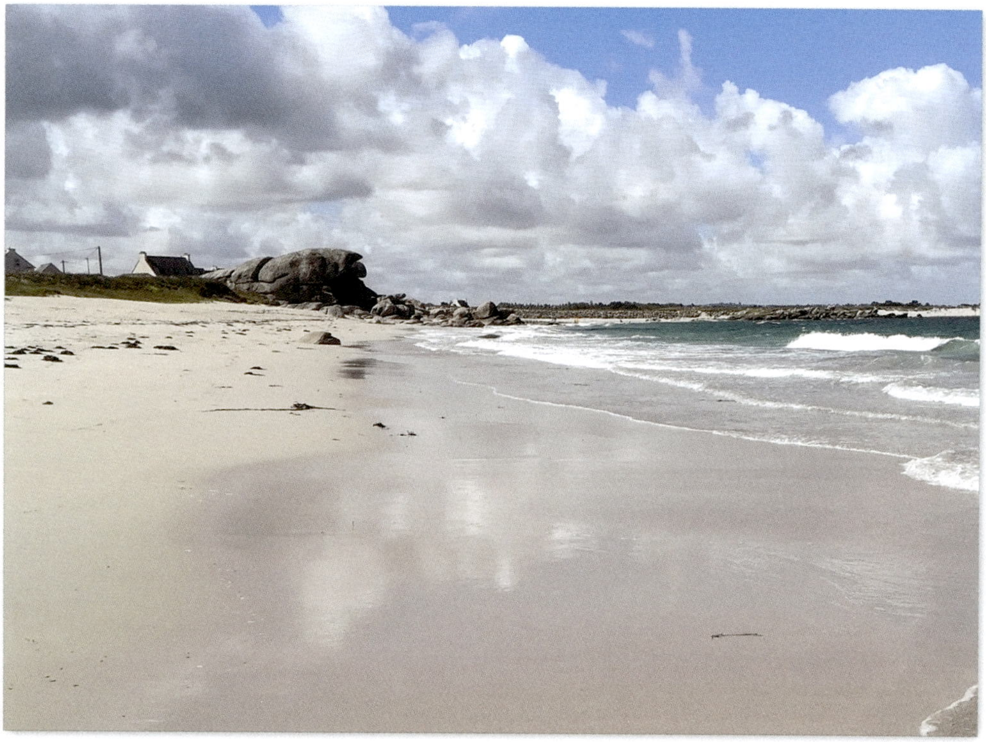

**Motiv-Vorlage**

Der Strand nimmt in diesem Fall eine sehr große Fläche im Bild ein. Die Wasserfläche ist dagegen sehr reduziert, und auch von den Häusern links ist wenig zu sehen. Manchmal ist die Komposition schon recht gut, sodass man kaum noch etwas verändern muss. Wenn man sich intensiv mit der Malerei beschäftigt, lernt man auch, anders zu sehen und zu fotografieren. Der Horizont landet dann hoffentlich nicht mehr in der langweiligen Mitte.

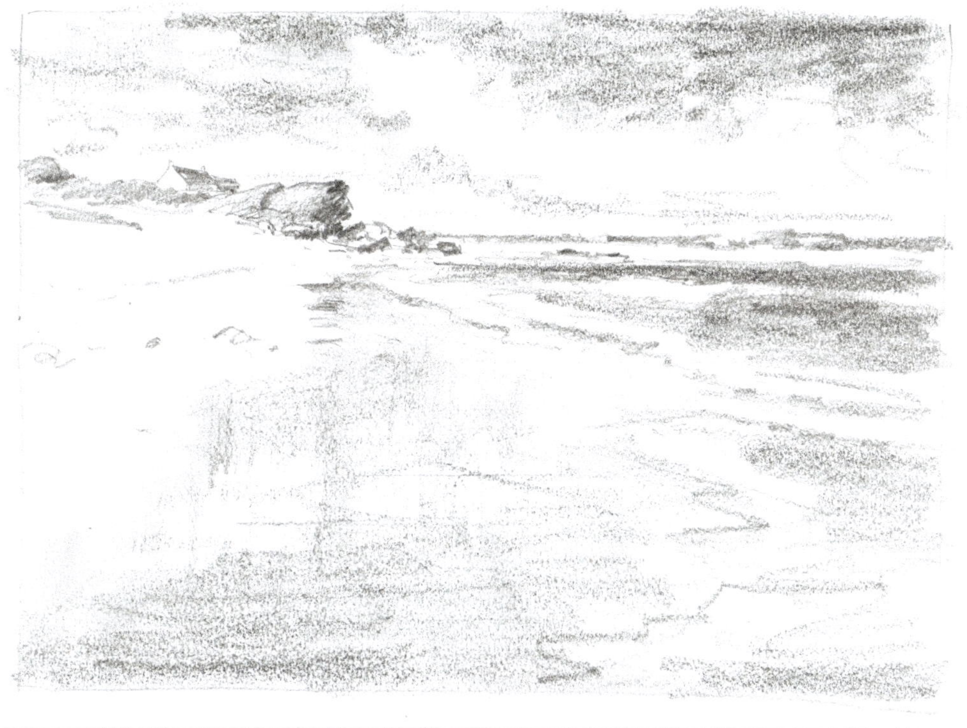

**1. Schritt**

Die Kompositionen, bei denen nicht viele Dinge zu malen sind, erscheinen einem oft am schwierigsten. Denn die wenigen Dinge wollen gut und interessant arrangiert sein. Dominierend ist hier die große Strandfläche, doch der Fokus geht zu den Details der Felsen und Häuser. Achte darauf, dass die Wellen auf einen Fluchtpunkt auf dem Horizont zulaufen (siehe dazu Seite 36, Carmel Beach). Wie dunkel musst du das Wasser malen, damit es sich vom Strand abhebt?

**2. Schritt**

Feuchte die Himmelsfläche an. Male mit Französisch Ultramarin und Coelinblau den Himmel um die weißen Wölkchen. Für die Wolkenschatten kommen Alizarin-Karmesin und Siena gebrannt dazu. Wenn du helle Farben verwendest, darf die Farbe über die Dächer der Häuser und die Felsen laufen, da sie später dunkler werden. Feuchte dann die Strandfläche an und lasse Siena gebrannt und Alizarin-Karmesin hineinlaufen. Werde vorn etwas dunkler und nach hinten heller.

**3. Schritt**
Male das Blau des Himmels auf die linke Seite des Strandes und lasse die Schattenfarbe der Wolken hineinfließen. Lege in der Nähe der Steine ein paar Zacken an, in denen sich die Farben der Steine spiegeln. Lasse den Strand nicht direkt links unten aus der Ecke herauslaufen!
Spare zum Wasser hin ein paar der Gischt-Streifen aus. Nimm für das Wasser etwas Coelinblau oder Kobalttürkis dazu und lasse auch hier die kleinen Wellen weiß stehen.

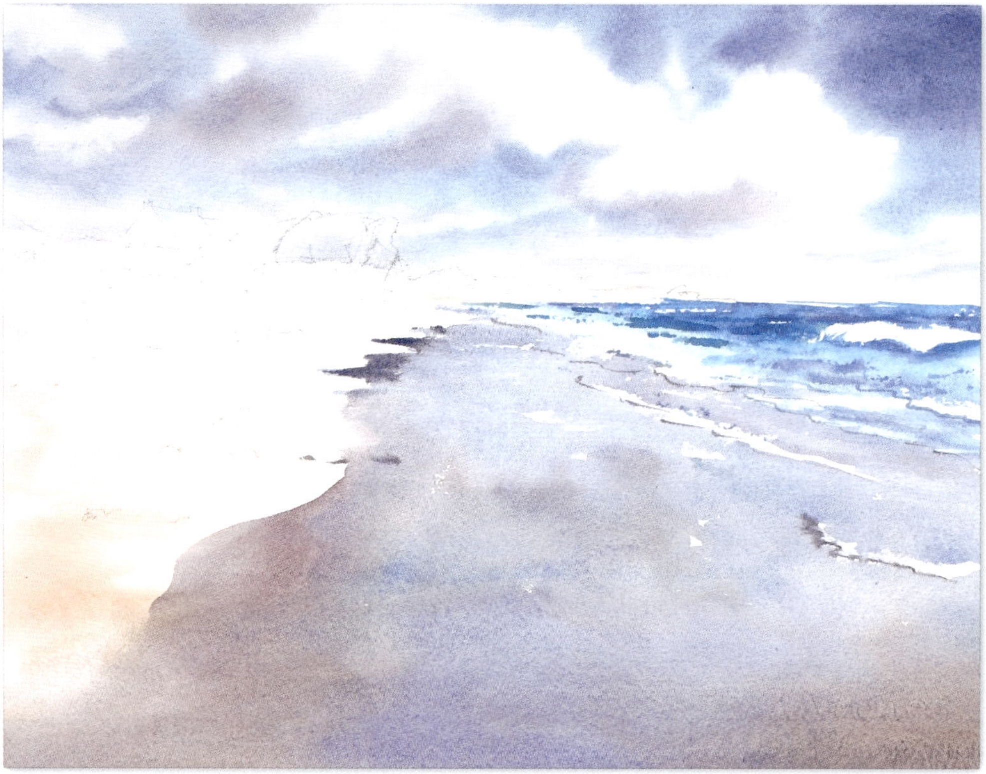



**4. Schritt**
Wische die Wolkenspiegelung mit einem feuchten Schwämmchen in vertikalen Streifen aus der Strandfläche heraus.
Die Farbe der Steine besteht aus einer Mischung der bereits verwendeten Farben, Französisch Ultramarin, Coelinblau und Siena gebrannt. Variiere die Steine in Form und Größe und kratze mit der Malspachtel einige Highlights hinein.
Siena natur und Französisch Ultramarin ergeben das Grün für die Büsche. Versuche auch hier, die Busch-Kante unregelmäßig zu malen und nicht als gerade Linie.

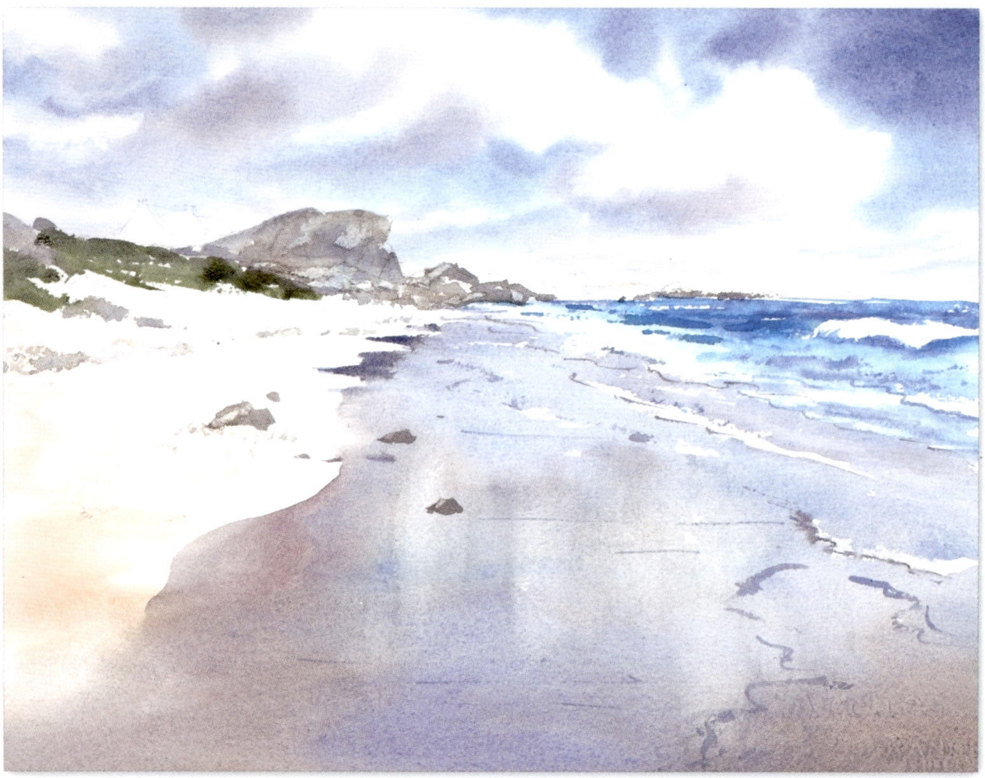

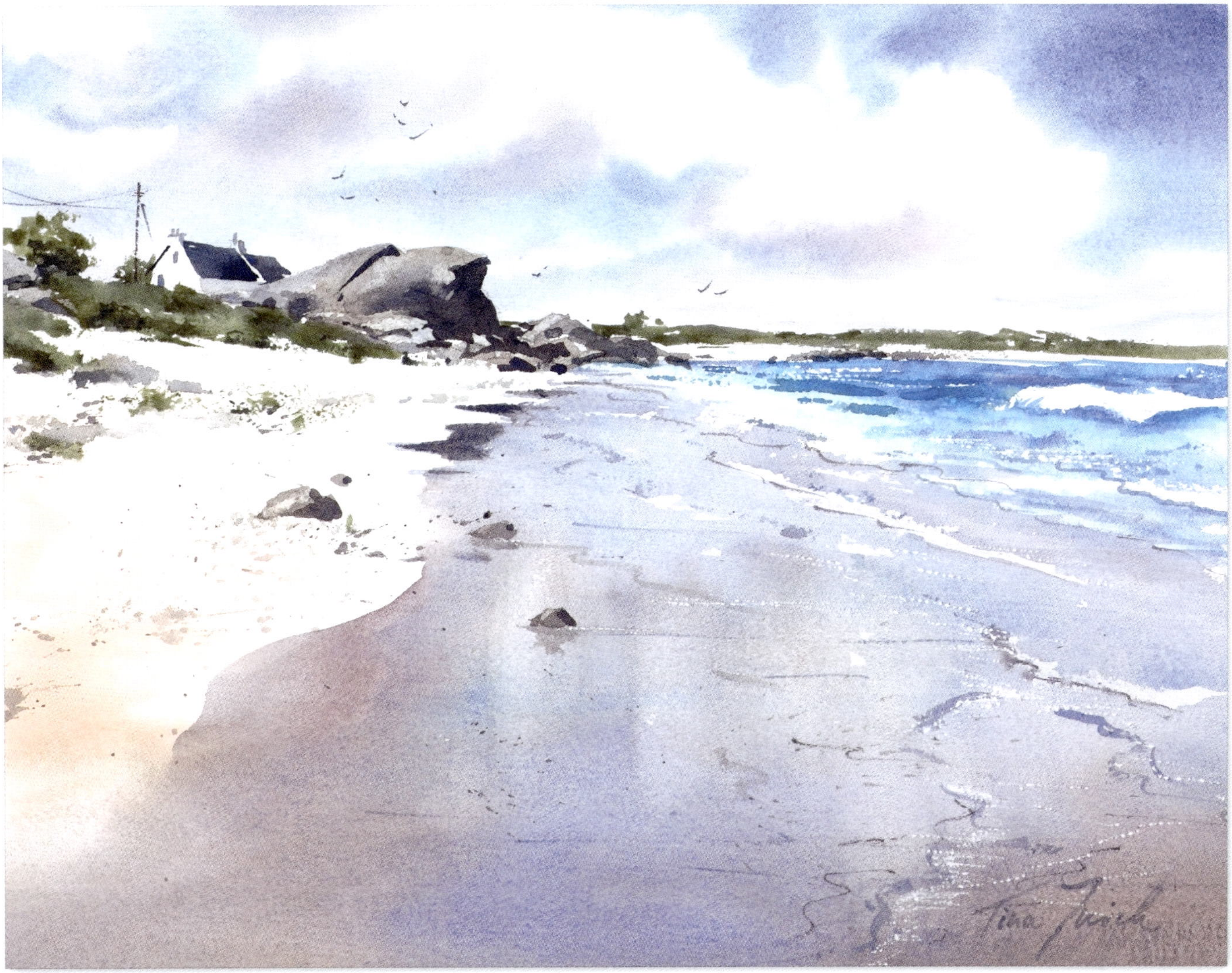



**Fertiges Bild**

Kleine Steine und Muscheln am Strand malen sich am leichtesten mit der Spritztechnik. Gehe auf Nummer sicher und decke alle Flächen ab, die keine Spritzer abbekommen sollen.
Differenziere die Büsche noch mehr, indem du Dunkelheiten einsetzt. Pflanze über den Strand im Hintergrund rechts oben eine Baumreihe und setze ein Bäumchen neben das Haus. Die Dächer, zwei, drei Fenster und die Schornsteine machen die weißen Formen zu Häusern.
Setze nun die Dunkelheiten, bzw. die Schatten, auf die rechten Seiten der Steine. Lege dann mit dem Schlepper noch ein paar Schatten unter die Gischt, zeichne den Strommast ein und lasse die Vögel fliegen.
Ganz zuletzt – das Papier muss komplett trocken sein – kannst du mit dem Cutter noch ein paar helle Linien für die Andeutung von Gischt-Resten in den Strand ziehen.

*Inspiration existiert, aber sie muss dich bei der Arbeit finden.*

Pablo Picasso

# Nachwort

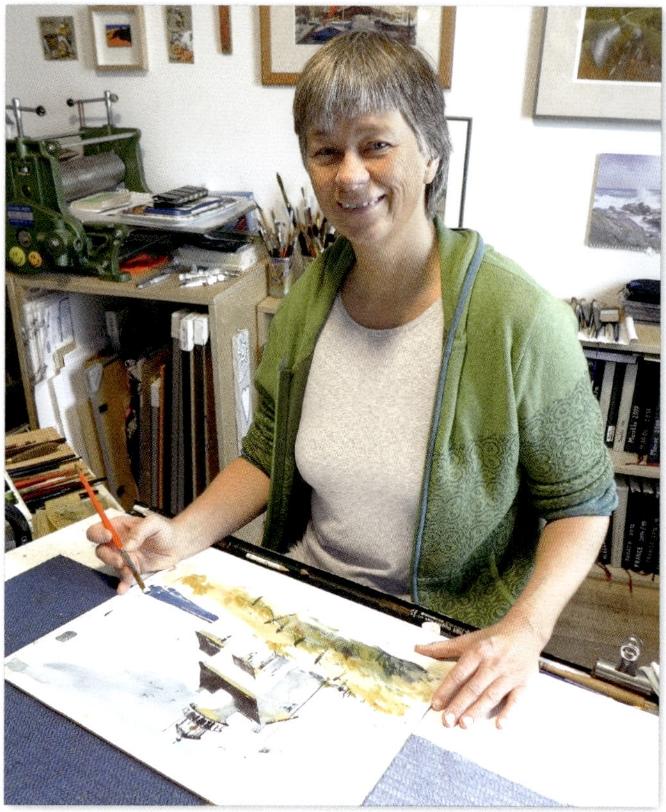

Sicherlich hast du bei deiner malerischen Reise durch dieses Büchlein gemerkt, wie sehr der Erfolg deines Bildes von der richtigen Wassermenge auf dem Papier und im Pinsel abhängig ist. Und sicherlich bist du auch öfters von ungewollten Effekten überrascht worden, positiv wie auch negativ. All das gehört zu dieser Reise Aquarell dazu. Aquarell ist kein Medium, das bei Fehlern leicht korrigiert werden kann, deshalb gibt es auch viele Tipps zur Planung und Vorbereitung, bevor es in die Farbe geht. Je klarer dein Konzept vor Beginn steht, umso frischer und freier kannst du dann die Farbe und das Wasser fließen lassen. Wie bei allem wird man durch die Übung zum Meister seines Handwerks. Ab und zu dabei baden zu gehen, ist völlig ok und erfrischend. In diesem Sinne, immer schön im Fluss bleiben ...

www.jurick-art.de

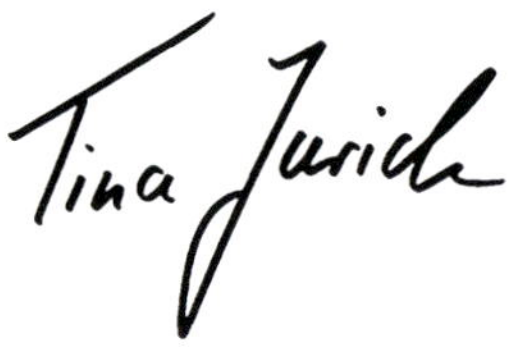



## Impressum

Illustrationen und Fotos: Kristina Jurick
Verantwortlich: Maria Möllenkamp
Lektorat und Produktmanagement: ZweiKonzept GbR
Layout: Michael Feuerer
Umschlaggestaltung: Andreas Kersten
Repro: LUDWIG:media
Herstellung: Kathleen Baumann
Printed in Slovenia by Florjancic Tisk

★★★★★

Sind Sie mit diesem Titel zufrieden? Dann würden wir uns über Ihre Weiterempfehlung freuen. Erzählen Sie es im Freundeskreis, berichten Sie Ihrem Buchhändler oder bewerten Sie bei Onlinekauf. Und wenn Sie Kritik, Korrekturen, Aktualisierungen haben, freuen wir uns über Ihre Nachricht an:
Christian Verlag, Postfach 40 02 09, D-80702 München
oder per E-Mail an lektorat@verlagshaus.de.

Unser komplettes Programm finden Sie unter

www.christophorus-verlag.de



Die Deutsche Nationalbibliothek verzeichnet diese Publikation in der Deutschen Nationalbibliografie; detaillierte bibliografische Daten sind im Internet über http://dnb.de abrufbar.

4. Auflage 2026

Infanteriestraße 11a, 80797 München

ISBN: 978-3-86230-441-7

# Ebenfalls erhältlich ...

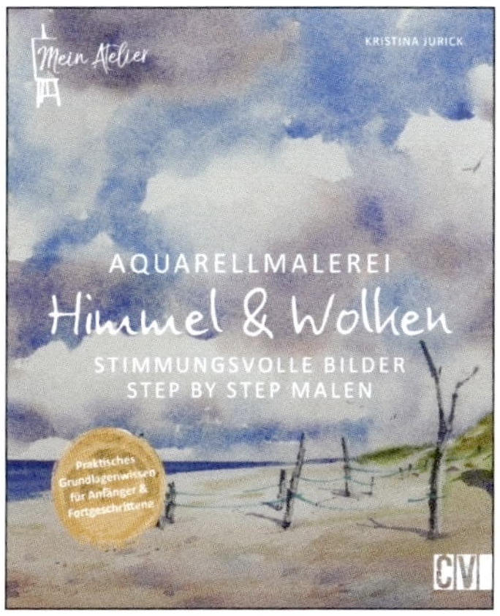


ISBN 978-3-86230-428-8

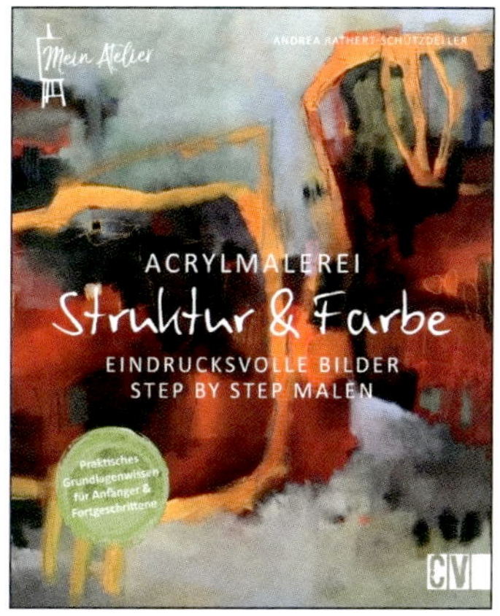


ISBN 978-3-86230-429-5

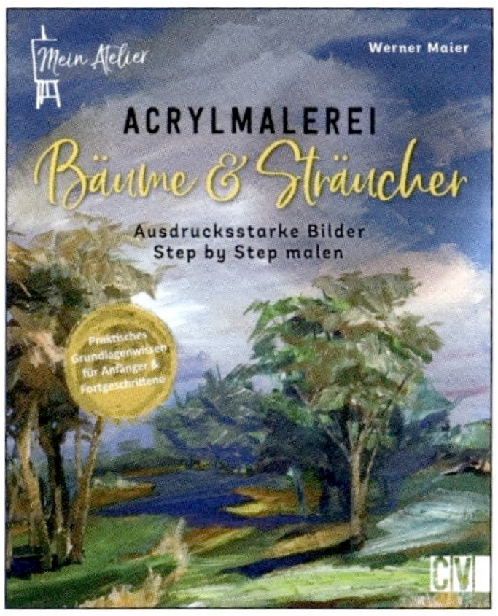


ISBN 978-3-86230-442-4

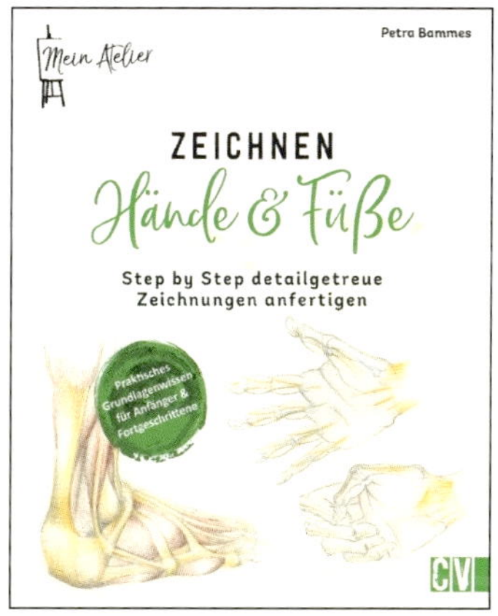


ISBN 978-3-86230-432-5

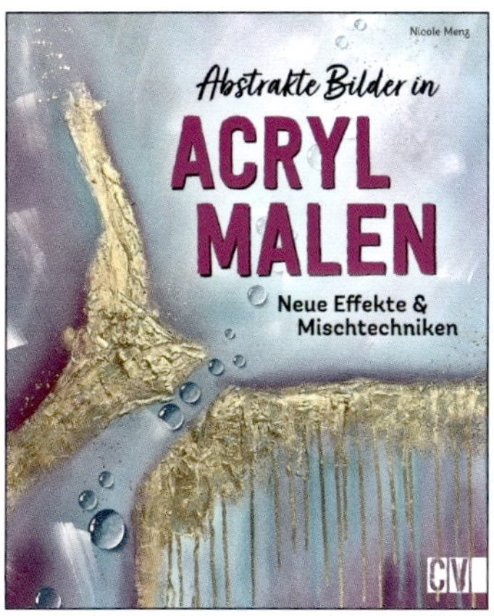


ISBN 978-3-86230-440-0

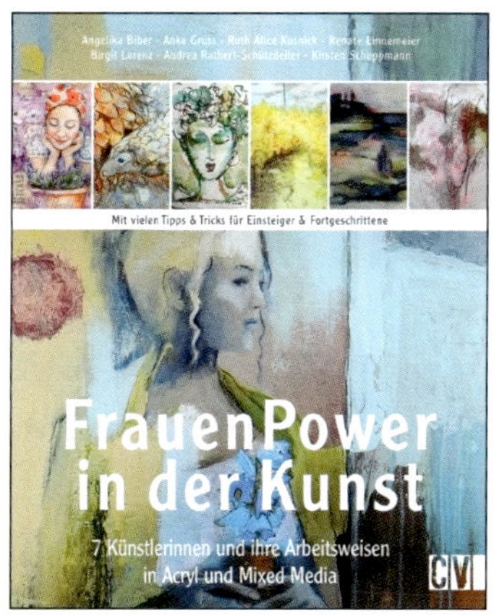


ISBN 978-3-86230-425-7